KB205984

영혼의 경이로움에 관하여:
마이스터 에크하르트의 논문과 설교

마이스터 에크하르트 지음

박규태 옮김

영혼의 경이로움에 관하여:
마이스터 에크하르트의 논문과 설교

지음   마이스터 에크하르트
엮음   프리드리히 알프레트 슈미트 뇌어
해제   요하나 란츠콥스키
옮김   박규태
편집   김덕원, 이찬혁

발행처   감은사
발행인   이영욱
전화   070-8614-2206
팩스   050-7091-2206
주소   서울특별시 강동구 암사동 아리수로 66, 401호
이메일   editor@gameun.co.kr

종이책
초판발행 2024.03.31.
ISBN   9791193155417
정가   16,800원

전자책
초판발행 2024.03.31.
ISBN   9791193155448
정가   12,800원

Vom Wunder der Seele:
Eine Auswahl aus den Traktaten und Predigten

Meister Eckhart

| 옮긴이의 일러두기 |

1. 긴 문장은, 문맥에 영향이 없는 한, 짧게 끊어 번역했습니다. 본문을 그대로 직역할 경우, 그 뜻을 쉽게 알기 어려운 문장은 단어의 뉘앙스와 문맥을 살펴 풀어 번역한 부분도 있습니다.

2. 에크하르트가 본문에서 말하는 성경본문이 대한성서공회가 펴낸 개역개정판과 거의 일치하면 개역개정판을 그대로 옮기되, 에크하르트가 적어놓은 본문과 개역개정판의 차이가 두드러지면 에크하르트가 적어놓은 것을 그대로 옮겼습니다.

3. 사람의 호칭은 개신교의 예를 따랐습니다. 로마가톨릭교회에서 시성(諡聖)된 인물이더라도 이름 앞에 성(聖) 자를 붙이지 않았으나, 프란치스코와 도미니크의 경우는 항간의 예를 따라 그대로 성인 칭호를 붙였습니다.

| 편집자의 일러두기 |

1. 본서에서 역자의 주는 모두 각주 형태로 달았습니다. 단, 해제(7-34쪽)에서는 해제자의 각주와 구분하기 위해 "—역주"라고 표시했습니다. 35쪽 이후에 달려 있는 각주는 모두 역자가 첨가한 것입니다.

The edited order by Friedrich Alfred Schmid Noerr ⓒ 1951 Philipp Reclam jun. GmbH & Co.

The Introduction by Johanna Lanczkowski ⓒ 1989 Philipp Reclam jun. GmbH & Co.

This Korean edition is based on the German edition published as *Vom Wunder der Seele: Eine Auswahl aus den Traktaten und Predigten*

by Philipp Reclam jun. GmbH., Stuttgart, Germany

All rights reserved.

This Korean translation edition ⓒ 2024

by Gameun Publishers, Seoul, Republic of Korea.

This Korean edition is published by arrangement of Philipp Reclam jun. GmbH

through rMaeng2, Seoul, Republic of Korea.

해제:
들어가는 말

중세 독일의 신비주의를 말하면, 거의 저절로 마이스터 에크하르트를 가장 먼저 이야기하게 된다. 잠시 머뭇거리면 이어서 조이제(Seuse)와[1] 타울러(Tauler)의[2] 이름이 등장한다. 그럼에도 대개 에크하르트가 중세 독일 신비주의의 중심인물 역할을 하고 있다. 하지만 이때 쉬이 간과하는 사실은 에크

---

1. 하인리히 조이제(Heinrich Seuse, 또는 Heinrich von Suso, 1295-1366)는 주로 콘스탄츠와 울름에서 활동했던 도미니크수도회 수사로서 에크하르트의 제자였다―역주.

2. 요하네스 타울러(Johannes Tauler, 1300-1361)는 스트라스부르에서 태어난 도미니크수도회 수사로서 역시 중세 독일의 신비주의자였다―역주.

하르트가 중세 독일 신비주의의 창시자나 비조(鼻祖)가 아닐 뿐더러 중세 정신사에서 그 시대의 사상을 총괄하는 마지막 인물도 아니라는 점이다. 아울러 그가 독일 신비주의의 정점에 있는 인물인가도 여전히 신중하게 생각해 봐야 할 문제로 남아 있다.

이 때문에 "마이스터 에크하르트는 어떤 사람이었는가?" 같은 질문이 등장한다. 그런가 하면, "그와 같은 시대를 살았던 인물들은 누구인가?" 같은 두 번째 질문이 등장하기도 한다. 왜냐하면 역사의 위인들과 종교의 천재들—에크하르트도 종교 천재 가운데 하나였다—은 그들이 살았던 시대를 살펴봐야 어느 정도 파악할 수 있기 때문이다. "에크하르트만이 가진 특별한 점, 그가 지닌 매력은 무엇인가?", "에크하르트 사상의 매력과 영향력은 무엇인가?"가 세 번째 질문이다.

에크하르트의 출생 연도와 출생지는 정확히 알려져 있지 않다. 그러나 1260년경 에르푸르트(또는 고타) 근교 호흐하임의 기사 집안에서 태어났다는 것이 정설이다. 1302/1303년에 거행된 아우구스티누스 축제 중(8월 28일) 파리에서 행한 라틴어 설교에 "호흐하임 출신 에크하르두스의"(Echardi de Hochheim)라는 메모가 들어 있긴 하지만, 이 메모가 그의 출생지를 확실히 알려주는 단서를 제공하지는 않는다. 그는

1275년경 에르푸르트에서 도미니크수도회에 들어간다. 1277
년에는 파리에서 일곱 학예를[3] 배우고, 1280년경에는 쾰른의
도미니크수도회 일반 학교에서 공부했다. 알베르투스 마그
누스(Albertus Magnus, 1200-1280)가[4] 1280년까지 이 학교에서 신
학을 가르쳤지만, 에크하르트가 그의 학생이었는지는 분명
하지 않다. 에크하르트는 1293년부터 1294년까지 파리에서
롬바르두스(Petrus Lombardus, 1100-1160)가[5] 쓴 『명제집』
(Sententiae)의 강독사(講讀士)로 일하면서, 그 『명제집』을 강독
했다. 1298년 이전에, 그러니까 1294년에서 1295년 무렵에
그가 속한 도미니크수도회는 그를 에르푸르트로 불러 수도
원장으로 임명한다. 아울러 그는 테우토니아(Teutonia)[6] 관구
의 관구장이 됐다. 프라이베르크의 디트리히(Dietrich, 1240-
1319)는[7] 에크하르트를 튀링엔 주교로 임명한다. 1302/03년,

---

3. 중세 대학교에서 가르친 일곱 학문, 곧 문법, 수사, 논리, 산수, 기하,
   음악, 천문을 말한다—역주.
4. 독일의 스콜라 철학자요 신학자로서 도미니크수도회 소속이었다—역
   주.
5. "명제의 스승"(*Magister sententiarum*)이라 불리는 중세 스콜라 철학
   자요 주교다. 토마스 아퀴나스, 둔스 스코투스 등이 그의 영향을 받았
   다—역주.
6. Deutschland의 라틴어식 표기이다—역주.
7. 도미니크수도회의 철학자요 신학자이며 신비주의자였다—역주.

에크하르트는 파리에서 교사직(Magisterwürde)을 얻으면서(여기에서 "마이스터"[Meister] 에크하르트라는 이름이 나온다. 이 교사직은 오늘날의 신학 정교수직과 같다), 도미니크수도회 사제 가운데 두 번째로 신학부 교수가 된다. 이때 『질문집』(Quaestiones) 제1부가 나온다. 그 뒤, 수도회는 그를 다시 부른다. 수도회 관구의 분할 이후, 그는 1311년까지 위트레흐트에서 도르파트에 이르는 삭소니아(Saxonia)⁸ 관구의 관구장으로 일하게 된다. 이 무렵 그는 수도회를 돌보는 데 전력을 다한다. 40개가 넘는 수도원과 70여 개의 수녀원이 에크하르트의 감독을 받았다. 그는 할레, 민덴, 할버슈타트, 함부르크 그리고 로스토크에서 관구 참사회와 여타 모임을 주관하는데, 지금까지 유일하게 보존된 에크하르트의 서신 진본(眞本)이 바로 여기에서 나온 1305년 9월 11일 자 편지다. 1307년, 그는 보헤미아수도회 관구의 주교장까지 겸임한다. 1311년경, 남독일 관구 관구장으로 선출된 에크하르트는 다시 수도회의 보냄을 받아 파리로 간다. 그는 거기서 1311년부터 1313년까지 신학을 가르치는데, 이때 『질문집』 제2부가 나온다. 1314/1316년 이후, 에크하르트는 스트라스부르에 머무르는데, 거기서 알자스와 스위스에 있는 수녀원들을 돌본다. 그는 이때부터 "하나님의

---

8.   작센주(Sachsen)의 라틴어식 표기다—역주.

친구"(Gottesfreund)라는 룰만 메르스빈(Rulman Merswin)과 사귐을 나눈다. 룰만 메르스빈은 "오버란트에서 온 하나님의 위대한 친구"라는 단체의 창시자로서 이 평신도 운동의 중요한 대변자이자 나중에 타울러의 고백자(Beichtkind)가 된 사람이다. 그는 1307년에 태어나 1382년 사망할 때까지 스트라스부르에서 살았다.

에크하르트는 1323년 이후 약 5년에 걸쳐 쾰른에 있는 도미니크수도회 일반 학교를 이끈다. 1326년, 쾰른 대주교였던 피르네부르크의 하인리히 2세(Heinrich II)는 그릇된 가르침을 널리 퍼뜨린다는 이유로 에크하르트에 대한 재판을 열었다. 에크하르트의 독일어 설교들, 그중에서도 특히 〈고귀한 사람에 관하여〉(Von dem edelen Menschen)에 들어 있던 문장과 『하나님의 위로』(Buch der göttlichen Tröstung)에서 추려낸 내용이 기소의 주된 근거가 됐다. 이 두 제목은 튀링엔의 성(聖) 엘리자베스(Elisabeth, 1207-1231)의[9] 친척인 헝가리 여왕 아그네스(Agnes)를 염두에 두고 붙인 것이었다. 누가 에크하르트를 밀고하고 누가 그를 고소했는지 확실하게 알려져 있지 않다.

---

9. 헝가리 국왕이던 안드레아스 2세의 딸이었으나, 훗날 튀링엔 백(伯)이 되는 루트비히 2세와 혼인하여, 이름 뒤에 폰 튀링엔(von Thüringen)이 붙게 됐다. 남편이 죽은 뒤, 가난한 이들과 함께 평생을 보냈다—역주.

에크하르트의 글들 중 "신앙에 어긋나는 상스러운" 본문을 모두 모으라는 지시가 프란치스코수도회원 한 사람과 주교가 관할하는 교구성당 참사회원 한 사람에게 내려졌다. 그 결과, 모두 108개 문장이 그런 본문으로 제시됐다. 그중 12개는 라틴어 설교와 글에서, 96개는 독일어 설교와 글에서 나왔는데, 이것들은 무엇보다도 "진짜가 아닌", 다시 말해 에크하르트의 손이 닿지 않은 설교 사본에서 추려낸 것이었다. 쿠에스의 니콜라우스(Nikolaus: 추기경이자 브릭센 교구장으로서 1464년에 사망)[10] 역시 에크하르트가 라틴어로 쓴 요한복음 주석에서 "상스러운" 문장을 찾지 못한다.

1326년 9월 16일, 에크하르트는 피고인이 됐다. 그는 문맥과 상관없이 갈기갈기 찢겨져 나와 고소 대상이 된 문장들을 자신의 가르침에 담긴 사상의 흐름 속으로 환원시켜 그 문장들이 정당함을 주장하려 했다. 사람들이 그 심판 절차에 끌어들였던 스트라스부르 출신의 조사관 니콜라우스는 교황에게 항소했다. 에크하르트는 직접 아비뇽에 있던 교황 요하네스 22세(Johannes XXII)에게 항소했으나, 이 항소는 1327년 1월 24일에 각하됐다. 1327년 2월 13일, 에크하르트는 쾰른

---

10.   라틴어식 이름인 '니콜라우스 쿠사누스'(Nicolaus Cusanus)로 더 잘 알려진 중세 독일의 추기경, 철학자, 수학자다─역주.

에 있던 도미니크수도회 소속 교회에서 사람들이 모인 가운데 자신이 정통 신앙을 따르고 있음을 고백했다. 아울러 그는 교회의 가르침과 자신의 가르침이 서로 모순임이 증명되면 그것을 취소하겠노라고 서약했다.

공소장과 이의가 제기됐던 문장 목록이 아비뇽으로 보내졌다. 당시 나이가 이미 65세였던 에크하르트는 교황 앞에서 자신의 정당함을 주장하고자 직접 아비뇽으로 갔다. 에크하르트가 아비뇽에 있었다는 사실은 에크하르트와 같은 시기에 같은 이유로 아비뇽에 머물고 있었던 오컴의 윌리엄 (William of Ockham, 1280-1349)이[11] 증언한다.

한 신학위원회가 조사보고서를 하나 작성했으나, 그 보고서는 쾰른에서 보내온 108개 문장 중 28개만을 인용할 뿐이었다. 그나마 뒤에 두 문장이 더 삭제됐다. 1329년 3월 27일, 요하네스 22세는 『주님 안으로』(*In agro Dominico*: 직역하면, '주님의 땅 안으로')라는 칙서를 발표했다. 이 칙서에서 교황은 에크하르트가 쓴 15개 문장을 "이단성이 있는 글"로, 11개 문장을 "이단이라는 의심을 불러일으키는" 동시에 "너무나 대담한 문장"이라고 판결한다. 나아가 교황은 에크하르트가 이미 판결에 승복했으며, 그럼으로써 사실상 자신이 죽기 전에

---

11. 중세의 유명론(唯名論)자다―역주.

자신의 가르침을 취소했다고 말한다. 에크하르트가 언제 어디서 죽었는지는 분명하지 않다. 요하네스 22세가 쾰른 대주교에게 보낸 1329년 4월 30일 자 편지에서는 에크하르트를 사망한 사람이라고 말한다.

　에크하르트는 수도회에서 자신이 맡고 있던 일—그에게는 가르치고 설교하며 영혼을 돌보는 일 외에도 많은 일이 맡겨져 있었고, 그때에는 여행에도 시간과 노력이 많이 소모됐음을 기억하길 바란다—에 온 힘을 쏟았다. 그런 와중에도 그는 라틴어로 방대한 저작을 써냈다. 그것이 바로 『3부작』(Opus tripartitum)이라는 책인데, 현재는 일부만 남아 있다. 이 『3부작』의 윤곽은 에크하르트가 쓴 서문에 뚜렷이 나타나 있다. 즉, 이 책 제1부는 『전제들』(propositiones), 제2부는 『질문들』(quaestiones: 이 부분은 토마스 아퀴나스가 쓴 『신학대전』[Summa theologiae]에 초점을 맞추고 있다) 그리고 제3부는 『주해들』(expositiones), 곧 성경 본문 해석을 그 내용으로 하고 있다. 제3부는 창세기, 출애굽기, 지혜서, 아가서(일부만이 남아 있다) 그리고 요한복음 해석을 담고 있다. 이 세 부분은 다음과 같이 서로 조화를 이루고 있다. 우선 제1부에서는 어떤 전제를 제시한다. 그러면 제2부에서는 이 전제에 질문을 던지며, 제3부에서는 성경 주해를 토대로 제2부에서 제시한 질문을 해명하고 설명한다. 에크하르트는 이 방법을 사용하여 당면한 신학-철학 문제들을 풀 해답을 얻고 싶어 했던 것 같다.

파리에서는 『명제론집』(*Collatio in libros sententiarum*)과 두 설교(하나는 1294년 부활절 설교이며, 다른 하나는 1302/1303년 아우구스티누스 축제 설교다) 외에도 이미 말한 『질문집』(1302/1303; 1311-1313)이 간행됐다.

중요한 것은, 어쩌면 에크하르트가 이 『질문집』 때문에 재판을 받았을지도 모른다는 점이다. 에크하르트는 이 책으로 말미암아—그가 비록 이 책의 여러 곳에서 자신이 토마스 아퀴나스의 신학사상을 멀리한다는 점을 분명하게 이야기하긴 했지만—두 탁발수도회, 곧 도미니크수도회와 프란치스코수도회가 벌이고 있던 교리 다툼에 휘말려들었기 때문이다. 도미니크수도회는 지성의 우월함을 가르쳤다. 이 가르침은 알베르투스 마그누스(Albertus Magnus)에서 시작하여 토마스 아퀴나스(Thomas Aquinas)가 정교하게 다듬은 것이었다. 반면, 프란치스코수도회는 의지의 우월함을 주장했다. 이 수도회 신학의 가장 중요한 대변자는 요하네스 둔스 스코투스(Johannes Duns Scotus)였는데, 그도 에크하르트와 같은 때인 1302/1303년에 파리에서 신학을 가르쳤다(둔스도 자신이 쓴 『옥

스퍼드인의 저작』[*Opus Oxoniense*]에서[12] 의지의 우월을 주장했다). 경쟁자 에크하르트가 내놓은 더 위대한 가르침의 결과물 때문에 뜻밖의 질투가 일어났지만, 이 질투를 완전히 물리치지는 못했다. 아비뇽에 보낼 목적으로 에크하르트가 쓴 "상스러운" 문장들을 모았던 사람이 바로 프란치스코수도회 소속인 페터 데 아이스타테(Peter de Aestate)였다는 사실을 유념할 필요가 있다.

독일어로 된 글들 가운데 『구별의 말』(*Reden der Unterscheidung*)과 『하나님의 위로의 책』(*Buch der göttlichen Tröstung*) 그리고 『고귀한 사람에 관하여』(*Von dem edlen Menschen*)는 필시 에크하르트가 에르푸르트에서 활동하던 때와 튀링엔에서 주교로 일하던 때에 썼을 것이다. 독일어로 된 설교가 정말 에크하르트의 설교인가라는 문제는 예나 지금이나 판단하기 어렵다. 그 수를 알 수 없는 "조악한", 즉 에크하르트의 손길이 닿지 않은 필사본들이 존재하기 때문이다(사람들은 대략 200개의 사본이 있다고 본다). 그럼에도 불구하고 본문대조 방법을 사용하여 특히 에크하르트가 라틴어로 쓴 글(그 가운데 그가 직접 쓴 원고가 4개 존재한다) 그리고 에크하르트가 쓴 것임이 확실한 글과 (독일어 설교의) 본문을 대조해 보면, 더 많은 설교를 진정한

---

12. 롬바르두스의 『명제집』을 자세하게 주석한 책이다―역주.

에크하르트의 설교로 간주할 수 있게 된다.

  교황청이 에크하르트에게 내린 유죄 선고는 한편으로 그
의 사상의 영향과 확산을 차단했지만 다른 한편으로 그 유죄
선고 덕분에—적어도 확신을 품고 교회를 비판하면서 교회
와 대립하던 사람들, 특히 관심을 갖고 종교에 참여하던 평
신도들에게는—그의 사상이 매력덩어리가 됐다. 게다가 에
크하르트의 뛰어난 제자인 하인리히 조이제(그는 1322/1323년
무렵에 쾰른에서 에크하르트에게 배웠다)와 요하네스 타울러(쾰른에
서 조이제와 함께 에크하르트에게 배웠다)는 설교를 통해, 나아가 글
로 표현한 자신들의 가르침을 통해 그들의 위대한 스승이 남
긴 사상을 널리 퍼뜨리고 발전시켜 나갔다. 물론 이들은 각
자의 개성에 따라 스승의 가르침을 변경하기도 했다. 이미
말했듯이 항간에 존재하던 약 200개의 사본은 에크하르트
의 설교가 커다란 관심거리였음을 보여주는 징표로 볼 수 있
을 것이다. 사본 숫자가 그렇게 많음은 저물어가던 중세의
독실한 신앙에 에크하르트의 사상이—비록 알려져 있지 않
다 해도—얼마나 큰 영향을 끼쳤는지 보여주는 것이기도 하
다. 그 누구보다 많은 영향을 받은 사람으로 얀 판 라위스브
룩(Jan van Ruysbroeck, 1293-1381)과[13] 쿠에스의 니콜라우스를 들

---

13. 벨기에 역사에서 가장 위대한 신비주의자라 불리는 인물이다—역주.

수 있다. 이 두 사람에게 이르러 에크하르트의 사상 추이는 확실한 개념으로 형성된다.

그러나 그 뒤에는 에크하르트에 대한 관심과 에크하르트를 아는 지식이 사라져버린다. 이미 루터조차도 에크하르트를 더 이상 알지 못했다. 그랬지만, 후대 개신교는 에크하르트와 루터 두 사람이 이단자로 기소되어 유죄 판결을 받은 공통점을 갖고 있다는 이유로 에크하르트를 "종교개혁 이전의 개혁가" 반열에 올려놓는다. 빌헬름 프레거(Wilhelm Preger)도 오늘날까지 필독서로 꼽히는 자신의 책 『중세 독일 신비주의의 역사』(Geschichte der deutschen Mystik des Mittelalters, 1874-1893)에서 같은 태도를 취한다. 루터는 신비주의와 신비주의의 경건한 신앙이 타울러 안에서 그리고 타울러를 통해 구현됐다고 보았다. 에크하르트는 먼저는 중세에 열렬한 관심을 기울였던 낭만주의를 통해 비로소 재발견됐다. 그것은 요제프 괴레스(Joseph Görres)와 셸링(Schelling)의 친구로서 에크하르트로 가는 길을 다시 열었던 프란츠 폰 바더스(Franz von Baaders, 1765-1841)의 공적이었다.

에크하르트는 모든 점에서 격동의 시대를 살았다. 정치권력을 둘러싼 세속군주와 교황의 다툼, 호엔슈타우펜 가문

(Staufergeschlechtes)의 무시무시한 종말, 대공위(大空位) 시대,[14] 십자군의 비참한 종말, 교황들이 아비뇽에 유폐됐던 교황들의 "바빌론 유수(幽囚)",[15] 이단 사상에 감염된 평신도들이 심심치 않게 세력을 얻었던 일―이 모든 사건은 세계가 종말을 맞을 것이라는 기대를 부추겼다―은 널리 알려져 있다.

에크하르트는 파리에서 교수 활동을 하면서 토마스 아퀴나스의 사상을 추종하는 자들과[16] 둔스 스코투스의 사상을 추종하는 자들[17] 사이에 벌어진 끝없는 다툼에 휘말려들었다. 그 다툼 때문에 자칫 신학과 여러 학문의 성과가 거의 무너질 뻔했다. 우리는 에크하르트가 스콜라 철학자, 그중에서도 특히 토마스 아퀴나스에게 큰 빚을 지고 있다는 사실을 간과해선 안 된다. 그건 단지 에크하르트가 쓴 『3부작』의 한 부분이 토마스 아퀴나스를 향하고 있기 때문만은 아니다. 이를테면, 에크하르트가 말한 "영혼의 작은 불꽃"(scintilla animae)이라는 개념도 토마스에게서 받아들인 것이었다. 스콜라 철학

---

14. 1254년부터 1273년까지 신성 로마제국의 황제 자리가 비어 있던 기간을 말한다―역주.

15. 프랑스 국왕 필립 4세가 교황청을 프랑스 남부의 아비뇽으로 강제 이주시켰던 사건이다. 교황청은 아비뇽에 1309년부터 1377년까지 머물렀는데, 이는 교황권 쇠퇴를 보여주는 사건이었다―역주.

16. 도미니크수도회의 가르침을 대변한다―역주.

17. 프란치스코수도회의 가르침을 대변한다―역주.

과 신비주의는 서로 대립하는 것이 아니라 상관 개념이라는
마르틴 그랍만(Martin Grabmann)의 주장은 에크하르트를 보면
분명하게 드러난다. 그랍만은 이렇게 말한다. "신비주의는
스콜라 철학이 그 기초를 놓았던 한 몸이신 하나님 이론
(Lehre von der Gottesgemeinschaft)의 내면화요 그것을 신앙으로
표현한 것이다. 스콜라 철학의 자리는 대학 강단이며, 그 철
학은 가르침과 배움의 소재가 됐다. 거기에서 사람과 동떨어
진 채 합리성을 추구하는 스콜라 철학의 양식이 유래했다.
… 신비주의는 수도원의 고요한 방 안에서 번성을 누린다.
신비주의는 영혼이 하나님과 단 둘이 나누는 대화다. … 신
비주의는 현세에서 할 수 있는 가장 열렬하고 가장 진지한
방법으로 하나님과 만나려 한다."[18]

독일 신비주의가 활짝 꽃피던 시기에 태어나 성장했다는
사실은 "신비주의자" 에크하르트에겐 중요한 사실이었다.
빙엔의 힐데가르트(Hildegard, 1098-1179)는 예언자와 선견자의
능력이 흘러넘치는 자신의 저서 『길들을 알라』(Sci vias)를 에
크하르트가 태어나기 약 100년 전에 이미 완성했다. 쉐나우
의 엘리자베스(Elizabeth, 1129-1164)가 쓴 글은 환상을 보는 듯

---

18. Martin Grabmann, *Die Geschichte der Scholastischen Methode*, Frei-
     burg i. Br. 1911, 97쪽.

한데, 그중에서도 특히『하나님의 길들』(*Liber viarum Dei*)은 널리 퍼진 책이었다. 도미니크수도회 수사들이 보살피던 아이슬레벤 부근 헬프타 수도원은 에르푸르트에서 60킬로미터쯤 떨어져 있었는데, 이곳은 에크하르트의 모수도원(Mutter-kloster)이기도 했다. 여기서 마그데부르크의 메히트힐트 (Mechtild, 1207/ 1210-1281/1282; 1270년 이후에는 헬프타에 머물렀다) 는 가장 강력한 언어를 구사하며 가장 큰 영향을 미쳤던 독일 신비주의 저작 가운데 하나인『하나님에게서 흘러나오는 빛』(*Fließendes Licht der Gottheit*)을 완성했다. 같은 수도원에서 대 (大)게르트루트(die große Gertrud, 1256-1301/02)는『하나님의 사랑을 전하는 사자』(*Legatus divinae pietatis*)를 쓰고, 곧이어『영성연습』(*Exercitia spiritualia*)을 쓴다. 게르트루트는 이 두 책에서 결코 변함없는 하나님의 사랑과 그분의 무한하신 자비를 이야기한다. 게르트루트는 1290년쯤부터―에크하르트는 1294/1295년부터 튀링엔의 주교로 있었다―자신의 제자인 하케보른의 메히트힐트(Mechtild, 1241/42-1299)가 본 환상들을 『특별한 은혜』(*Liber specialis gratiae*)라는 책에 기록했다. 하나님께 열렬히 헌신하는 내용으로 가득한 이 책을 보면, 메히트힐트는 자신을 하나님이 사랑하는 자녀로 알고 있었다. 게르트루트는 (메히트힐트로 하여금) 늦어도 1300/1301년에 자신의 책 『하나님의 사랑을 전하는 사자』 제3-4권과 제5권 일부를 받아쓰게 했다.

이 위대한 여성 신비주의자들의 저작을 에크하르트가 쓴 글 및 설교와 비교해 보면, 에크하르트가 제시하는 것과 그 사상 추이에 담긴 객관성과 냉철한 진지함이 한눈에 들어온다. 에크하르트의 글이나 설교에는 하나님이 행하신 강력한 일을 보고하는 내용이 없으며, 불처럼 타올라 모든 것을 살라버리는 하나님의 사랑과 하나님의 열망도 보이지 않는다. 거기에는 하나님이 우리를 품어 보호하심을 아는 복된 지식도 들어 있지 않다. 다만 여기에서는 성찰하는 학자, 성찰하는 스콜라 철학자가 말하며 글을 쓰고 있을 뿐이다. 사실 에크하르트에게서 두드러진 특징은 그가 환상이나 황홀경을 경험하거나 체험한 적이 없다는 점이다. 단지 드물기는 하지만, 에크하르트의 경우에도 마치 선지자처럼 "어떤 힘에 떠밀려 움직이는 상태"와 "무언가를 말하지 않으면 안 되는 모습"이 불쑥 나타나기도 한다. 이를테면, 에크하르트는 〈너희는 그들을 두려워하지 말라〉(Nolite timere eos)라는 설교에서 이렇게 말한다. "나는 이 설교를 깨달은 사람이라면 누구에게나 기꺼이 그것들을 허락한다. 만일 여기에 아무도 없었다면 이 헌금함에게 설교를 **해야만** 했을 것이다."[19]

에크하르트가 늘 새로운 사유 항목에 포함시킨 한 가지 중요한 테마는—그보다 앞서 있었던 신비주의자와 여성 신비주의자 그리고 신비주의 성향을 타고난 그의 동시대인과 마찬가지로—영혼과 하나님의 관계다. 두 메히트힐트와 대 게르트루트는, 하나님이 그들 곁에서 그리고 그들 안에서 행하시고 일하시면서, 하나님을 깊이 사랑하고 그분께 순종하는 겸비한 자세로(비록 마그데부르크의 메히트힐트의 경우에는 가끔씩 거의 요구하는 투의 말이 함께 등장하긴 하지만) 하나님의 뜻에 복종하며 하나님의 보우하심을 복되게 체험한다. 반면, 에크하르트는 〈너희는 하나님의 나라가 가까이 온 줄을 알라〉(*Scitote, quia prope est regnum Dei*)라는[20] 설교에서 다음과 같은 결론을 진지하게 끌어낸다. "하나님이 사람 안에 계시고 그에게 아주 '가까이' 계시며 그 사람이 하나님을 소유할 때에 그가 복을 누리게 되는 것이 아니다. 도리어 하나님이 그 사람에게 '얼마나' 가까이 계시며 그 사람이 하나님을 잘 알고 있다는 것

---

19. Josef Quint (Hrsg.) *Meister Eckhart: Deutsche Predigten und Traktate*, München 1955, ⁶1985, 273쪽(26번 설교).
20. 직역하면, '너희는 [어떻게 행해야 할지] 깨달으라. 하나님 나라가 가까이 왔기 때문이라'이다—역주.

을 그 사람이 **통찰할** 때에 그는 복을 누리게 된다."[21] 이는 곧, "내가 복을 누리게 되는 것은 하나님이 이성을 지닌 분이심을 내가 **통찰할** 때뿐"이라는[22] 말이다. 하나님을 "통찰하는 것"(das Erkennen Gottes)과 하나님을 잘 "아는 것"(das Wissen um Gott)이—에크하르트는 이것을 다른 곳에서 이렇게 이야기한다. "사람이라면 하나님의 참되심에 관하여 '순수하고 명쾌한 앎(지식)을 가져야' 한다"[23]—사람을 복되게 한다는 이 사상은 고대 교회의 가장 위대한 신학자 오리게네스(Origenes, 185/186-254)를 떠올려준다. 오리게네스는 『태초에 관하여』(Peri archōn; De principiis)라는 책을 통해 처음으로 기독교 교의학을 정립했다. 신플라톤주의의[24] 창시자라는 암모니우스 삭카스(Ammonius Sakkas, 175-242)의 제자였던 그는 기독교 밖의 철학을 유추하여 기독교 신앙에 관한 가르침을 제시했다. 오

---

21. Quint, *Meister Eckhart*, 323쪽(36번 설교).

22. Quint, *Meister Eckhart*, 199쪽(10번 설교, 〈마치 샛별처럼〉[*Quasi stella matutina*]).

23. Quint, *Meister Eckhart*, 202쪽(11번 설교, 〈그의 날이 이르면 그가 하나님께 흡족한 자가 될 것이다〉[*In diebus suis placuit deo*]).

24. 만물을 단계 구조로 파악하여 낮은 단계는 그 위 단계에서 흘러나왔으며, 최고 단계에는 만물의 근원인 '일자'(一者)가 있다고 말한다. 아래 단계일수록 불완전하며, 아래 단계는 위 단계를 모방하려 한다고 주장한다. 인간도 자아를 벗어나 '일자'와 하나가 되는 길로 나아가야 한다고 주장했다—역주.

리게네스는—그가 본디 그리스어로 쓴 책들은 루피누스 (Rufinus)의 라틴어 번역을 통해 서방 세계에 널리 알려지게 된다—공동체 신앙(신화)과 "고등" 종교를 다르게 보았다. 공동체 신앙 신봉자는 복을 받게 된다. 그 신앙은 참되기 때문이다. 그러나 고등 종교의 경우, 통찰하는 자(der Erkennende), (가장 깊은 내면을) 아는 자(der Gnostiker)는 하나님의 보우하심을 —황홀경이나 환상을 통하지 않고—통찰과 앎 속에서 체험하며, 그 통찰을 통해 하나님께 이르게 된다. 오리게네스의 이런 견해와 〈의인은 영원히 살리라〉(Iustus in perpetuum vivet)라는 에크하르트의 설교를 비교해 보기 바란다. 이 설교에서 에크하르트는 이렇게 말한다. "조야한 사람이라면 틀림없이 이것[신앙의 교훈]을 (그냥) **믿겠지만**, 깨우친 사람이라면 틀림없이 그 교훈을 속속들이 **알 것이다**."[25] 사람들은 적잖이 그런 인상을 받겠지만, 에크하르트는 누구보다 먼저 "잘 알고 있는 자들"을 염두에 두고 설교했다. 〈심령이 가난한 자는 복이 있나니〉(Beati pauperes spiritu)라는 설교의 결론 부분을 보더라도 이를 알 수 있다. "이 설교를 이해하지 못하는 사람은 그것 때문에 괴로워할 필요가 없다. 그 사람이 이 진리와 닮지 않는 한, 이 설교를 깨달을 수 없기 때문이다. 이 진리는

---

25.   Quint, *Meister Eckhart*, 267쪽(25번 설교).

감춰짐이 없이 훤히 드러난 것으로서, 곧 하나님의 중심에서 나온 진리이기 때문이다."[26]

에크하르트의 또 다른 중심 사상, 곧 "영혼 안에서 이루어지는 하나님의 나심"은 그 기원을 오리게네스에 두고 있다. 사람이 복을 누리고자 한다면, 마치 그리스도가 마리아 안에서 마리아에게서 나신 것처럼, 하나님이 사람의 영혼 속에서 나셔야만 한다는 것이 이 사상이다. 이와 관련하여, 에크하르트의 설교에서는 그의 신학과 연관된 오리게네스의 말이 두드러지게 나타난다. "오리게네스는 만일 내가 그런 말을 쓴다면 너희가 미심쩍게 여길 고차원의 말을 써놓고 있다. 이를테면, 이런 말이다. '우리는 그 아들 안에서 출생하되, 오로지 안에서만 태어나지는 않는다. 오히려 우리는 그 아들 안에서 밖으로, 다시 밖에서 안으로 태어나고, 새롭게 태어나며, 직접 태어난다.'"[27] 에크하르트는 〈그의 날이 이르

---

26. Quint, *Meister Eckhart*, 309쪽; 거의 같은 말이 303쪽(32번 설교)에 도 있다.

27. Quint, *Meister Eckhart*, 373쪽(46번 설교, 〈굶주린 자는 복이 있도다〉[*Beati, qui esuriunt*]); 에크하르트의 설교집에서 오리게네스의 이름이 세 번째로 등장하는 곳은 47번 설교, 〈보라, 내가 내 사자를 보내노라〉(*Ecce, ego mitto angelum meum*)이다(377쪽을 보라). 여기서 에크하르트는 이렇게 말한다. "오리게네스는 말한다. '막달라 마리아는 우리 주님을 찾았다. 그녀는 죽어 있는 한 사람을 찾았으나, 살아 있는

면 그가 하나님께 흡족한 자가 될 것이다)라는 설교에서 이렇게 말한다. "아버지는 현재 순간에 존재하는 영혼 속에서 자신의 특유한 아들을 낳으시며, 영혼은 바로 그 시간에 하나님 안에서 다시 태어난다. 그것이 **하나의** 출생(*eine Geburt*)이다. 영혼이 하나님 안에서 다시 태어나는 일이 잦으면 잦을수록, 아버지가 자신의 특유한 아들을 영혼 속에서 낳으시는 일도 더욱더 잦아진다."[28] 아버지가 자신의 특유한 아들을 낳으시는 장소인 영혼은 "자신의 존재를 직접 하나님에게서 취한다. 그 때문에 하나님은 오히려 영혼 자신보다 더 가까이 영혼에 다가와 계신다. 영혼 밑바닥에 자리하신 하나님은 완전하신 하나님으로 존재하신다."[29] 오리게네스의 『아가서 설교』(*Homiliae in canticum canticorum*)를 보면, 이런 내용이 나온다(II vi). "그분의 출생은 하나님의 그늘(보우하심)로 말미암아 마리아 안에서 시작됐을 뿐 아니라, 네 안에서도 시작됐다. 네가 합당한 사람이 되면, 하나님의 말씀이 (네 안에서) 태어난다. 너는 하나님의 그늘을 파악할 수 있도록 하라. 네가 그분의 그늘에 합당한 이가 되면, 내가 말했듯이, 그분의 몸이 네

두 천사를 발견했을 뿐이다. 그녀에겐 만족스럽지 않았다."

28. Quint, *Meister Eckhart*, 206쪽(11번 설교).
29. Quint, *Meister Eckhart*, 201쪽(11번 설교).

게서 나타날 것이다."[30] 그리하면 사람은 영혼 속에서 하나님이 태어나실 수 있다는 이 은혜의 선물을 결코 잃어버릴 수 없게 된다. 에크하르트는 또다시 오리게네스를 중요한 증인으로 내세운다. "하지만, 위대한 스승 오리게네스는 이렇게 가르친다. '하나님 자신이 우리에게 이 씨를 뿌리시고, 우리 안에 이 씨를 밀어 넣으시며, 우리에게 이 씨를 낳으셨다. 그 때문에 이 씨는 덮여서 감추어질 수는 있을지언정, 멸절되거나 없어지는 법이 없다. 이 씨는 불타면서 광채를 내고, 빛을 발하고 타오르면서 끊임없이 저 위에 계신 하나님을 지향한다.'"[31]

영혼 안에서 하나님이 태어나시기 위한 전제 조건은 초탈(超脫, Abgeschiedenheit)이다. 이는 에크하르트의 경우에도 마찬가지다. 이 초탈은 에크하르트가 평생을 바쳐 몰두한 테마였다. 오직 "초탈한" 영혼, 곧 모든 형상, 모든 개념, 모든 소망과 모든 갈망으로부터 자유로우며 자유롭게 된 영혼, 하나

---

30. Origène, *Homélies sur le Cantique des Cantiques*, Introduction, Traduction et Notes de D. Olivier Rousseau OSD [라틴어/프랑스어], Paris 1966, (Sources Chrétiennes 37번) 126쪽에서 인용.

31. Friedrich Schulze-Maizier (Hrsg.), *Meister Eckharts deutsche Predigten und Traktate* [Auswahl], Leipzig 1938, 166쪽(설교, 〈고귀한 사람에 대하여〉); 참고. Quint, *Meister Eckhart*, 142쪽.

님 앞에서 발가벗겨져 그분 앞에 훤히 드러난 영혼만이 하나
님을 자신 안에서 낳게 된다. 에크하르트가 말하는 초탈 개
념은 마가복음 10:29 이하(와 그 평행 본문)에 최종 근거를 두고
있다. 즉, 진실로 예수를 따르고자 하는 사람은 (나아가 예수와
하나가 되고자 하는 사람은) 부모, 형제자매, 소유, 친구를 포함한
모든 것, 그중에서도 특히 자신의 의지와 소망, 자신의 계획
과 목표에서 "자신을 떼어내 분리시켜야" 한다. 그는 그때에
비로소 그리스도께 속할 수 있으며, 그때에 비로소 하나님이
그 영혼 속에서 태어나시게 된다. 에크하르트의 주장이 갖고
있는 급진성은 그를 절대 복종과 절대 헌신을 주창했던 대게
르트루트와 동렬(同列)에 놓도록 만드는 동시에, 선지자의 엄
중함과 구약의 엄혹함을 보여준다. 아울러 그 급진성은 에크
하르트를 순결한 사람으로서 그리스도를 따르고자 마태복
음 19:12을 액면 그대로 받아들였던 오리게네스에게[32] 또다
시 이어주는 통로가 되기도 한다. 오리게네스는 이렇게 가르
쳤다. "로고스는 오로지 하나님을 등지는 죄를 범하지 않은
영혼(그럼으로써 세상에 속한 모든 것을 초탈하여 오직 하나님을 위해 사
는 영혼)과 자신을 하나가 되게 하시며, 그런 영혼과 하나가

---

32. 그는 "천국을 위해 스스로 고자가 됐다"는 구절을 그대로 따랐다고
     한다—역주.

되신다."

이런 점은 에크하르트와 오리게네스를 묶어주는 사상의 연관점이 많음을 보여주는 대표 사례일 것이다. 그러나 하나 분명한 것이 있다. 에크하르트는, 저 위대한 오리게네스처럼, 본디 신비주의자가 아니라, 오히려 그리스도를 인식해야(알아야) 한다는 것을 주창한 사람이라는 것이다. 에크하르트는 자신의 설교 〈마치 샛별처럼〉(*Quasi stella matutina*)에서[33] 이렇게 말한다. "하나님은 아직 존재가 있기 전에 일하셨다. 아직 존재가 있지 않았을 때, 하나님은 존재를 만드셨다." 그는 또 같은 설교에서 "**이성**은 하나님의 성전이다. 하나님은 원래 오로지 그분의 성전 안에서, 곧 이성 안에서 사실 뿐, 다른 어디에서도 사시지 않는다"고 말한다.[34] 이렇듯이 에크하르트와 신비한 은사를 받은 동시대인 사이에는 넓은 간격이 뚜렷하게 존재한다. 에크하르트가 하나님께 이르는 길로서 제시한 것은 통찰(Erkennen)과 지각(Verstand)이었으며, 신비주의자들이 말하는 것처럼 철저히 자기 자신을 바쳐 사랑하는 마음은 아니었다.[35]

---

33. Quint, *Meister Eckhart*, 196쪽(10번 설교).

34. Quint, *Meister Eckhart*, 197쪽.

35. 여기서 Kurt Flasch, "Procedere ut imago", in *Abendländische Mystik im Mittelalter*, Kurt Ruh (Symposion Kloster Engelberg 1984),

에크하르트와 오리게네스를 하나로 만들어주는 정말 중
요한 표지가 하나 더 있다. 영혼의 순결성이 바로 그것이다.
두 사람은 가장 심오한 궁극의 경지에 이른 자신들의 "하나
님 통찰(인식)"에 대하여 말하지 않는다. 이는 마치 대게르트
루트가 자신에게 지극한 복을 안겨다 준 "하나님 체험"에 관
하여 침묵하는 것과 마찬가지다. 세 사람 모두 자기 사상의
편린(片鱗)만을 보여줄 뿐이지만, 오히려 이 편린이 그들의 하
나님 통찰/체험이 얼마나 크고 얼마나 강력한지 짐작하게
해준다. 그들은 이 통찰과 체험 속에서 영혼을 향한 하나님
의 무한한 사랑과 "영혼의 경이로움" 그리고 영혼과 하나님
의 관계에 관하여 통찰을 얻거나, (하나님의) 은혜를 통해 배우
게 된다. 그러나 그들은 자신들의 사사로운 통찰이나 체험은
보고하지 않는다. 그들이 통찰하고 바라보았던 그분의 거룩
함이 그들의 입을 다물게 한 것이다.

　마지막으로 이 두 사람의 운명을 살펴보도록 하자. 오리

Stuttgart 1986, 126쪽을 인용해 본다. "나 자신이 관찰한 것에 따르면,
나는 오늘날 '신비주의'라는 말을 쓸데없는 것이요, 에크하르트를 연
구하는 데 오히려 해로운 것으로 여겨야 한다고 결론짓는다." 더 자세
한 내용은 Kurt Flasch, *Das philosophische Denken im Mittelalter. Von
Augustin bis Machiavelli*, Stuttgart 1986, 특히 406-424쪽과 654-656
쪽(참고 문헌)을 보라.

게네스는 자기 스스로 고자가 됨으로써 교회의 선구자 역할을 감당했지만, 바로 그 교회로부터 큰 어려움을 겪게 된다. 그는 데키우스 황제가 기독교를 박해할 때 고문을 당하고 죽는다. 반면, 에크하르트는 아비뇽에서 이단으로 파문당한 채 죽음을 맞는다.

에크하르트의 사상에서 특별한 점을 맛보려면, 그의 논문 및 설교를 에크하르트 이전의 위대한 여성 신비주의자와 남성 신비주의자, 이를테면, 빙엔의 힐데가르트, 쉐나우의 엘리자베스, 끌레르보의 베르나르(Bernahards, 1091-1153), 성(聖) 빅토르의 위고(Hugos, 1097-1141)나 성 빅토르의 리샤르(Richards), 성 띠에리의 윌리엄(Wilhelm)이 쓴 글과 비교해 봐야 한다. 아울러 에크하르트와 같은 시대를 살았던 신비주의자들이나 그의 제자 조이제 및 타울러와 비교해 보길 바란다. 그렇게 해 보면, 요컨대, 한 가지 눈에 띄는 것이 있다. 에크하르트를 제외한 이들은 하나님의 손 아래 겸손히 굴복하고 있지만, 오직 에크하르트만은 통찰하는 사람으로서(als Erkennender) 하나님께 다가간다는 사실이 바로 그것이다. 말하자면, 에크하르트는 머리를 높이 치켜들고 하나님 앞에 서 있는 셈이다. "하나님은, 영혼이 마치 피조물이 아닌 것처럼, 영혼과 접촉하시고 영혼을 지으셨다. 그 때문에 이렇게 하나님과 접촉한 영혼은 하나님 자신만큼 고귀하다. 하나님은 자기 자신에 비추어(자기 자신과 똑같이) 영혼과 접촉하신다." 그는 〈그의 날이 이르면 그가 하나님께 흡족한 자가 될 것이다〉라는 설교에서도 같은 말을 한다.[36] 그리스도 인식(통찰)에 관한 이 유산, 곧 자신이 하나님을 통찰할 수 있는 사람이라는 자각은 서구인에게 에크하르트의 사상을 매력 있는 것으로 느끼게 해 주었으며, 지금도 그러하다. 무엇보다 종교와 도덕과 법은 계몽주의 시대 이후에는 "이성"과 "자연"에서 그 근거를 찾게 됐으며, 이미 17세기에 아리스토텔레스의 권위가 무너지면서 스콜라 철학과 관계를 끊고 교회의 가르침에서 벗어난 (철학적) 통찰을 얻고자 분투하게 됐다. 여전히 중세의 스콜라 철학 사상과 친밀했던 이 새로운 철학의 아버지들, 이를테면 데카르트(Descartes), 스피노자(Spinoza) 그리고 라이프니츠(Leibniz)는 에크하르트에 이르는 길을 발견하지 못했다. 에크하르트가 많은 곳에서 그 새로운 철학의 아버지들이 말하던 "근대의" 언어를 말하고 있음에도 불구하고, 그들이 그 길을 발견하지 못한 것은 이해할 수 없는 일이다. 에크하르트가 영혼의 힘에 관하여 설교하는 내용이 아마도 그

---

36. Franz Pfeiffer (Hrsg.), *Deutsche Mystiker des 14. Jahrhunderts*, Bd. 2, Leipzig 1857, 267쪽.

런 "근대의" 언어에 해당할 것이다. "더 광대한 힘이 영혼 안에 있다. 영혼은 그 힘을 사용하여 사유한다. 이 힘은 현존하지도 않는 것을 자기 안에 그려낸다. 그럼으로써, 나는 현존하지도 않는 이것들을 마치 눈으로 보는 것처럼 통찰한다. 아니, 영혼의 힘은 그것보다 훨씬 훌륭하다—나는 겨울에도 생각을 통해 장미 한 송이를 아주 생생하게 그려낼 수 있다. 그뿐 아니라, 영혼은 이 힘을 사용하여 무존재(無存在, Nichtsein) 속에서 일하며, 그 무존재 속에서 일하시는 하나님을 좇아간다."[37]

이 마지막 말 속에 "너희가 하나님과 같이 되어 선악을 알게 되리라"(*Eritis sicut Deus scientes bonum et malum*, 창 3:5)는 말씀이 울려 퍼지고 있다. 사람이 하나님과 같이 된다는 것에 관한 한, 이것이야말로 가장 오래된 말이요, 특히 서구 사상의 눈으로 볼 때에는 너무나 비운으로 가득한, 혼합된 허구다.

요하나 란츠콥스키

---

37. Quint, *Meister Eckhart*, 198쪽(10번 설교, 〈마치 샛별처럼〉).

제1부

논문

자기 통찰에 관하여,
곧 영혼의 충만함에 관하여

자기 존재가 최상의 고귀함에 이르며, 최고선의 표상(表象)인 하나님 바로 그분에 이르기를 바라는 사람이라면, 그 자신을 둘러싸고 있는 사물뿐 아니라, 자기 자신을 지극히 높은 지경까지 통찰해야 한다. 그리할 때에 비로소 그는 자신의 참된 순수함에 다다른다. 사랑하는 형제여, 그런고로 너희는 자기 통찰을 익히도록 하라. 피조물이 지닌 모든 능력을 아는 것보다 너희 자신을 통찰하는 그것이 너희에게 더 좋다. 너희가 너희 자신을 통찰할 수 있는 길은 두 가지가 있다.

먼저 너희의 외부 감각들이 무엇인지 살펴보라. 눈은 늘 선한 것뿐만 아니라 악한 것도 볼 준비를 하고 있다. 마찬가지로 귀 역시 늘 선한 것과 악한 것 모두를 들을 준비를 하고 있으며, 다른 모든 감각기관도 마찬가지다. 그러기에 너희는 아주 진지하게 선한 것을 지향해야 한다.

그런 다음 너희는 내면의 정신에 관하여 알아야 한다. 그것은 영혼 안에 존재하는 고결한 힘들이다. 그 힘들은 높은 것도 있고 낮은 것도 있다. 낮은 힘들은 높은 힘들을 섬기는 동시에 외부의 감각들을 섬긴다. 그래서 낮은 힘들은 외부의 감각들 가까이에 자리하고 있어서 눈이 보는 그것과 귀가 듣는 그것을 욕구로 인도한다. 그 욕구가 적정하면, 욕구는 그것을 즉시 고찰이라는 또 다른 힘에게 넘겨준다. 고찰은 사물을 관찰하고 다시 그 사물을 이성이라는 세 번째 힘에게 가져다준다. 그럼으로써 관찰된 그것은 최고 단계의 힘에 이르기 전에 순수한 것으로 변화된다. 영혼 안에 존재하는 힘은 매우 고결하기에, 관찰된 그것의 모습을 알려주는 비유나 형상이 없더라도 그것을 이해하여 최고 단계의 힘들로 옮겨다 준다. 최고 단계에 이르면, 관찰된 그것은 기억을 통해 보존되고, 지각을 통해 파악되며, 의지를 통해 실현된다. 이것들이 영혼에서 가장 고결한 힘이며, 이 힘들은 하나의 본질로 통합되어 있다. 영혼에 작용하는 그 모든 것은 영혼의 힘들을 하나로 통합시키는 본질에도 작용한다.

　　그렇다면 무엇이 영혼의 본질인가? 확신(Gewißheit)이다. 확신이라는 이 본질은 측량할 수 없어서, 공간이라는 것과 상관이 없다. 마치 차지하는 공간이 없는 것과 같다. 1,000마일도 더 떨어진 곳에 사랑하는 친구가 있다고 하자. 그럴지라도 그 사람의 영혼은 온 힘을 다해 그 친구에게 달려가 거기서 사랑하는 친구와 친밀한 사랑을 나눌 것이다.

　　친애하는 교우들이여, 영혼 안에 존재하는 각각의 힘이 너무나 올바르고 너무나 고귀하게 정돈되어 제자리에 놓여 있다는 것, 그런데도 그 각각의 힘이 동일한 본질을 갖고 있다는 것에 주목하라. 기억이란 다른 힘들이 그에게 가져다준 모든 것을 보존하는 힘이다. 기억이라는 힘은 그 일을 사명으로 부여받았다. 또 다른 힘은 이성이라 불린다. 이성은 아주 고귀하다. 그 때문에 이성이 최고선인 하나님 바로 그분을 이해하려 할 때면, 다른 모든 힘은 힘껏 이성에게 복종해야 한다. 세 번째 힘은 의지라 불린다. 이 힘도 아주 고귀하다. 그 때문에 그때그때 사정에 따라 자신의 뜻대로 무언가를 명령하기도 하고 금지하기도 한다. 따라서 의지는 자신이 원하지 않는 것이면, 그것에 얽매임이 없이 자유롭다.

　　선생들 사이에는 이성이나 의지 가운데 어느 것이 더 고

귀한가라는 물음이 존재한다. 이성은 지금 우리가 도달하기
어려운 것조차도 파악한다. 그것이 이성의 고귀함이다. 하지
만 의지는 모든 것을 자기 자신을 위해 좌지우지할 수 있다.
이성이 더 이상 그 힘을 발휘할 수 없는 곳에서, 의지는 빛,
곧 신앙이라는 고결함으로 뛰어오른다. 그것이 바로 의지의
고귀함이다. 그러나 의지도 이 우월한 힘을 자기 고유의 능
력으로 획득한 게 아니다. 또 다른 힘이 의지에게 도움을 베
풀어 주었는데, 그 힘이 바로 신앙이다.

그렇다면 영혼 속에 이처럼 삼중으로 존재하는 힘 가운
데 어느 것이 신앙의 첫 번째 발원지일까? 무언가를 전달해
주는 영혼의 힘이 첫 번째 발원지다. 곧, 통찰에서 신앙이 나
온다. 그러나 신앙은 의지 속에서 열매를 맺게 되며, 의지는
다시 신앙 속에서 열매를 맺을 수 있게 된다. 따라서 신앙의
빛은 의지 속에 존재하는 열정의 근원이다.

그러나 의지가 높은 곳에 위치한다는 점을 통찰도 잘 이
해하고 있다. 이런 점을 보면, 통찰이 의지 위에 자리하고 있
다. 그렇다 하더라도, 의지는 의지로서 그 자신이 가진 고유
함 때문에 숭고함과 고귀함을 갖고 있으며, 그 숭고함과 고
귀함을 최고선인 하나님 바로 그분에게서 받는다. 나아가 의
지는 은혜를 받아들일 뿐 아니라, 이 은혜 속에서 최고선인

하나님을 받아들인다. 영혼이 무언가를 받아들일 때, 다름 아닌 의지를 통해 받아들이기 때문이다. 최고선이 베풀어주시는 은혜를 통해 다른 능력(힘)들이 하나의 본질을 지닌 통일체 형태로 힘을 갖게 된다. 그런 다음, 신앙이라는 빛은 성령의 능력 속에서 불붙게 된다. 신앙이라는 이 빛에서 영혼이 하는 모든 일이 나오게 된다. 어떤 사람이 자신의 자유의지로 과거의 행실을 떠나 최고선인 하나님 바로 그분께 돌아가는 것, 바로 그것이야말로 신앙이 은혜의 빛이라는 참 증거가 된다.

이제 너희는 영혼이 어떻게 최고의 완전함에 도달할 수 있는지 명심해 두도록 하라. 하나님이 영혼 속에 담겨지면, 하나님이 주시는 사랑의 샘이 영혼 속에서 솟아나온다. 이 샘은 또다시 영혼을 하나님께 되돈다. 그럼으로써 사람은 오직 영적인 일만을 할 수 있게 된다.

오, 이것이야말로 경이 중의 경이가 아닌가? 나는 영혼이 하나님과 하나가 된다는 것을 생각할 때면, 그것이야말로 경이의 극치라는 생각을 하게 된다. 하나님은 영혼으로 하여금 그분에게서 흘러나오도록 하심으로써 기쁨으로 충만하게 하시고, 이름이 붙어 있는 그 어떤 것에도 더 이상 만족을 느끼지 못하도록 만드신다. 정말 그렇다. 심지어 영혼은 자기 자신에게도 만족을 느끼지 않는다. 하나님이 베풀어주신 사랑의 샘은 영혼에 흘러넘칠 뿐 아니라, 그 영혼을 인도하여 그의 최초 근원으로 데려간다. 그 근원은 바로 유일하신 하나님이다. 영혼은 바로 그 하나님 속에서 최고의 충만함에 이른다.

아우구스티누스는 이렇게 말한다. "하나님이 존재하시는 바로 그 모습대로 사람의 영혼 역시 존재한다. 영혼이 어떻게 거룩하신 삼위일체의 형상을 따라 만들어졌는지 살펴보라."

하나님은 세 인격이시나, 한 본질이시다. 하나님은 모든 곳에 계시지만, 하나하나의 장소에서 완전하신 하나님으로 계신다. 그러기에 모든 곳이 하나님께는 **똑같은 하나의** 장소라는 말을 번번이 하게 된다. 영혼도 마찬가지다. 하나님은 만물을 지으시기 전부터 그것들을 미리 아시고, 그 미리 아심 가운데 만물을 만드셨다. 그것이 하나님의 본질이다. 영혼도 이와 마찬가지다. 영혼 역시 세 힘으로 되어 있으나, 그 본질은 하나다. 영혼 역시 육체로 이루어진 모든 지체 속에 존재하지만, 각각의 지체 안에 완전한 영혼으로 자리하고 있다. 그런 점을 보면, 육체의 모든 부분은 영혼에게 똑같은 하나의 거소일 뿐이다. 그뿐 아니라, 영혼 역시 미리 아는 힘을 갖고 있으며, 그에게 있어서 가능한 한 모든 것을 만들어 낸다. 이처럼 영혼도 사람이 하나님에 관하여 말할 수 있는 모든 것과 비슷한 그 무언가를 가지고 있다.

이제 나는 너희와 더불어 성삼위 하나님의 이름에 관하여 이야기를 나눠보려고 한다. 어떤 사람이 성부 또는 성자 또는 성령에 관하여 말한다는 것은 곧 하나님의 인격에 관하여 이야기하는 것을 뜻한다. 하지만 어떤 사람이 한 분 하나님(Gottheit)에 관하여 말한다면, 그것은 곧 하나님의 본질에 관한 이야기다. 한 분 하나님 안에 세 인격이 존재하시나, 그 세 인격의 본질이 단일하시기에 한 분 하나님이시다. 또 한 분이신 삼위 하나님은 서로 구별됨이 없이 교통(交通)하신다. 바로 이런 교통 속에서 아버지는 아들에게, 아들은 다시 아버지에게 흘러가신다. 그리고 아버지와 아들은 모두 성령에게 흘러가시며, 성령은 다시 아버지와 아들에게 흘러가신다. 그러기에 우리 주 예수 그리스도는 이렇게 말씀하신다. "나를 본 자는 아버지를 보았느니라. 아버지는 내 안에 계시고 나는 아버지 안에 있다."[1]

한 분 하나님 안에서 이루어지는 이 교통은 말과 소리 없이 주고받는 언어요, 듣는 귀 없이 듣는 것이며, 보는 눈 없이

---

1.   요한복음 14:9-10을 보라.

보는 것이다. 여기서 고귀한 영혼에 관한 하나의 유비를 얻는다. 영혼 안에서도 이 경이로운 상호 교통이 이루어진다. 영혼 안에 존재하는 최상의 힘들과 그 힘들의 본질이 한 분 하나님 안에 존재하는 세 인격 및 한 본질과 비슷한 특성을 갖고 있기에, 영혼 안에 있는 한 힘은 다른 힘으로 흘러가며 말과 소리가 없어도 피차 훤히 알게 된다. 그곳에서 영원한 빛을 밝히 볼 수 있게 된 영혼이야말로 복되다 할 것이다. 하지만 그 어떤 피조물도 하나님의 본질이 무엇인지 통지받은 적이 없다. 어떤 선생은 이렇게 말한다. "하나님의 본질은 하나님의 아름다움이다." 덧붙여 나는 이렇게 말하련다. "이 아름다움 속에서 빛을 비추는 것과 비추어진 빛을 반사하는 것은 하나로서 이루어진다. 삼위 하나님의 각 인격은 자기 자신을 비추시듯이 다른 인격을 비춰주신다. 완전한 아름다움이 이 아름다움 속에 존재한다."

그렇다면 아버지의 영원하신 말씀은 어떠한가? 아우구스티누스는 이에 관해 다섯 가지 유비를 들어 이야기했는데, 마치 그것들이 우리 주 예수 그리스도의 인격과 관련되어 있는 것처럼 말한다. "나는 말씀의 중심으로부터 나온 하나의 말씀으로서 왔다. 나는 태양에서 나온 하나의 그림자로서 왔다. 나는 불에서 나온 하나의 섬광으로서 왔다. 나는 꽃봉오리에서 풍겨 나오는 하나의 향기로서 왔다. 나는 영원한 샘에서 흘러나오는 한 줄기 샘물로서 왔다."

그러므로 (아버지의) 영원하신 말씀은 아들의 인격 속에서 표현되며, 하나님은 그분의 본질에 따라 그리고 그 본질 속에 자리하고 계신다. 이렇듯 만물도 그것이 지닌 한계 때문에 넘쳐서 시간 속으로 흐르게 된 것이다. 그러나 영원 속에서는 이런 만물에도 한계가 없다. 거기에서 만물은 하나님 안에 있는 하나님이다. 한 가지 비유를 들어보겠다. 기술이란 기술은 모두 가진 한 장인이 그중 한 기술을 써서 작품 하나를 만들었다고 해 보자. 그 경우에도 그 장인의 모든 기술은 여전히 그 장인 바로 그 사람 안에 들어 있다. 그 장인이 그 기술들의 주인이다. 사물의 모든 원형(原形)이 지닌 시원성(始原性, Erstheit)도 이와 마찬가지다. 그 원형은 바로 하나님 안에 존재하는 하나님이다.

그렇다면 여기서 질문이 생긴다. 만물은 어떤 방법을 통해 그들의 최초 근원으로 되돌아갈까? 그 방법은 이렇다. 인간의 본성을 지닌 모든 피조물은 자신들의 이름을 바꿈으로써 고귀한 존재로 바뀌게 된다. 인간의 본성을 지녔던 그 피조물은 그렇게 자신의 본성을 내버리고 그 근원으로 되돌아간다.

이 일은 두 가지 방식으로 일어난다. 첫째, 인간의 본성은 영적 일들 속에서 가장 고귀한 것을 행하는 능력을 갖는다. 왜냐하면 영혼은 영적 일들 속에서 그 근원으로 다시 흘러가기 때문이다. 두 번째 방식은 이렇다. 사람이 음식과 음료에서 섭취하는 그것이 사람 속에서 살과 피가 된다. 보라, 이제 그리스도인은 이 몸이 마지막 날에 다시 살아나리라는 것을 믿고 있다. 그때에는 만물 역시 지금 모습 그대로 존재하지 않고 완전히 바뀐 모습으로 다시 생겨날 것이다. 그때에는 사람이 영적 존재로 바뀌며 만물도 하나의 영이 되어, 그 영으로 말미암아 영원한 근원으로 되돌아가게 된다. 인간의 본성을 지닌 피조물이 각기 영원한 그 어떤 존재에 이르게 된다는 사실이 이를 통해 증명된다. 하나님은 그분의 신실한 종을 하나도 남김없이 불러 모으실 것이다. 바로 그 사실에서 하나님의 신실하심과 선하심과 사랑을 보게 된다. 그때가 되면 만유(萬有)가 만유 안에 있게 될 것이며, 만유가 만유 안에서 하나가 될 것이다.

사람들은 내게 이런 질문을 할지도 모르겠다. "친애하는 벗이여, 너희의 말대로 하자면, 모든 것이 아름답고 모든 것이 훌륭하다. 하지만 내가 그 순수한 고귀함에 이르는 일이 대체 어떻게 일어난단 말인가?" 너희는 올바로 이해해야 한다. "하나님은 지금 존재하고 계시는 바로 그 하나님이시다. 지금 존재하시는 그 하나님이 나의 하나님이시다. 나의 하나님으로 존재하시는 바로 그분을 나는 사랑한다. 내가 사랑하는 바로 그분이 나를 사랑하시고 나를 그분 안으로 이끄신다. 나는 나 자신의 소유가 아니라, 그분에게서 나를 취하셨던 바로 그분의 소유다. 하나님의 그 사랑 덕택에 너희가 하나님과 함께하는 하나님(Gott mit Gott)이 된다는 것을 너희는 알아야 한다." 나는 더 이상 이 점에 대하여 이야기하지 않으련다.

그러나 영의 자유에 관하여 다음의 점을 주목해야 한다. 영이 자유를 누린다는 것은 곧 이름이 붙어 있는 모든 것에 영이 매이지 않는다는 것이요, 이름이 붙어 있는 모든 것 역시 그 영에 매이지 않음을 말한다는 점이다. 자기가 하는 모든 일에 하나님이 어떤 보상을 베풀어주시리라는 기대를 조금도 갖지 않는 영은 더 큰 자유를 누리게 된다. 하지만 그 어떤 자유보다 큰 자유는 자신의 자아를 완전히 잊어버리고 자신의 현재 모습 그대로 저 끝을 알 수 없는 심연에 자리한 자신의 근원으로 되돌아감일 것이다. 자기 자신을 내버리고 온전히 자기를 죽이는 가운데 하나님을 따르는 사람들, 그런 사람들의 영혼에 어찌 하나님이 그분의 은혜를 물 붓듯이 부어주시지 않겠는가? 그럼으로써 그 영혼이 하나님의 사랑 속에서 완전히 죽는 그것을 어찌 허락하시지 않겠는가? 하나님은 그분의 은혜를 그 영혼 속에 물 붓듯이 부으시고 그 영혼을 가득 채워주신다. 나아가 하나님은 은혜 가운데 자신을 그 영혼에게 내어주시며 그 영혼으로 하여금 자신이 하나님이심(그분의 신성)을 곧바로 깨닫게 하신다.

그 일은 영원 속에서 일어나지, 시간 속에서 일어나지 않는다. 그렇지만 영혼은 여기 시간 속에서 저 거룩한 삶에 관하여 말씀됐던 그것을 미리 맛본다. 그러나 이것은 (자기) 통찰 속에서는 그리고 삶 속에서는 어느 누구도 가장 순수한 최상의 고귀함에 도달할 수 없음을 말해준다. 너희도 그 점을 안다. 그러기에 사람들은 스스로 가난을 추구하며 가난한 이와 같이 되어야 하는지도 모르겠다. 그것이 모든 이에게 가장 좋은 것이다.

이제 우리는 하나님의 영원하신 선하심 때문에 그분을 찬미하며, 그 선하심을 힘입어 마지막 때에 우리를 하나님께 이끌어주시도록 그분께 간구한다. 아버지와 아들과 성령이시여, 우리를 도와 마지막 때에 우리를 하나님께 이끌어주소서. 아멘.

초탈에 관하여

　나는 성경을 많이 읽으면서 가장 좋은 최고의 덕이 무엇인지 진지하게 그리고 부지런히 찾아보았다. 사람들을 하나님께 가장 가까이 데려가며, 사람들이 하나님의 형상과 가장 비슷해질 수 있도록 하는 덕이 무엇인지 찾았던 것이다. 하나님께서 만물을 창조하시기 전에는 사람이 하나님 안에 있었으며 사람과 하나님 사이에 구별이 존재하지 않았다. 나는 성경 전체를 샅샅이 살펴보면서, 내 이성이 통찰을 얻고자 발버둥 치면 칠수록, 그 어떤 피조물에도 매이지 않는 순수한 초탈(Abgeschiedenheit)만큼 순전한 것은 없다는 사실을 발견할 뿐이었다. 그러기에 우리 주님은 마르다에게 "한 가지가 필요하다"라고 말씀하셨다. 이 말씀은 곧 "상심함이 없이 순전하고자 하는 자는 반드시 가져야 할 것이 하나 있으니, 그것은 곧 초탈"이라는 말씀과 같다.

선생들은, "내가 어떤 일을 할지라도 사랑이 없으면 내가 아무것도 아니요"라고[1] 말했던 바울처럼, 그 어떤 것보다 사랑(Minne)을 높이 찬미한다.

그러나 나는 사랑보다 초탈을 찬미한다. 사랑이 가장 좋음은 그 사랑이 하나님을 사랑하도록 나를 강제하기 때문이다. 내가 나 자신을 강요하여 하나님을 항하게끔 하는 것보다 하나님을 강권하여 나를 향하게끔 하는 것이 더욱더 가치 있는 일이다. 그런 일이 일어나는 것은 내 영원한 복이 나와 하나님의 하나 됨에 있기 때문이다. 하지만 하나님은 내가 나 자신을 하나님께 끼워 맞추기보다 더 잘 들어맞게끔 하나님 자신을 내게 끼워 맞추실 수 있는 분이다. 하나님은 내게 초탈을 강제하신다. 나는 그 사실을 개개 사물이 보통 있어야 할 자리에 있다는 사실로 증명한다. 하나님께 합당한 고유의 자리는 단일성과 순수성이다. 이 둘은 초탈에서 유래한다. 그러기에 하나님은 초탈자의 마음에 틀림없이 자신을 내어주신다.

---

1.   고린도전서 13:1-3을 보라.

내가 사랑보다 초탈을 찬미하는 이유가 또 있다. 사랑은 하나님 때문에 모든 것을 견디도록 나를 강제한다. 그러나 초탈은 나를 오직 하나님께만 민감히 반응하는 존재가 되도록 강제한다. 그렇지만 하나님 때문에 모든 것을 견디기보다 오직 하나님께 민감하게 반응하는 존재가 된다는 것이 더 가치 있는 일이다. 왜냐하면 사람은 늘 피조물과 어떤 관계를 가지면서 그 피조물 때문에 괴로움을 겪어야 하지만, 초탈은 모든 피조물에게서 벗어나 자유롭기 때문이다.

선생들은 또 겸손을 다른 모든 덕보다 찬미한다. 나는 모든 겸손보다 초탈을 찬미한다. 겸손은 초탈이 없더라도 존속할 수 있는데 완전한 겸손이 없이는 완전한 초탈이 존재할 수 없기 때문이다. 왜냐하면 완전한 겸손은 자기 자신을 부인함을 목표로 삼으며 자기 자신을 모든 피조물보다 아래에 두기 때문이다. 하지만 초탈은 자기 자신 안에 머무른다. 안에서 밖으로 나가는 것이 고귀할 수 없는 이상,[2] 안에 머무르는 것이 더 고상한 것일 수 없을 것이다. 완전한 초탈은 그 어떤 것에도 주목하지 않으며, 자신을 어떤 피조물의 아래에도 또 그 위에도 두지 않는다. 완전한 초탈은 아래에 있으려고도 하지 않으며 위에 있으려고도 하지 않는다. 완전한 초

---

2.   마태복음 15:17-20을 생각하게 한다.

탈은 같아지지 않으려고도 하지 않는다. 완전한 초탈은 말 그대로 떨어져서 홀로 존재하려 한다. 그 어떤 것도 초탈 때문에 괴로움을 겪지 않는다.

나아가 나는 모든 자비보다도 초탈을 찬미한다. 왜냐하면, 자비는 다른 게 아니라 사람이 자신에게서 나와 자신과 함께하는 사람의 결점들(질병들)로 나아가는 것이며, 결국 이 때문에 자비를 베푸는 그 사람의 마음은 슬픔을 겪게 되기 때문이다. 그러나 초탈은 그런 것에 얽매임이 없이 자유롭다. 초탈은 자신 안에 머무르기에, 그 어떤 것도 초탈에게 슬픔을 안겨줄 수 없다. 요컨대, 내가 모든 덕을 깊이 생각해 본즉, 초탈만큼 흠이 없이 하나님께 인도하는 덕이 없다. 이처럼 너무나 완전한 초탈 가운데 있는 사람은 영원 속에서 환희에 가득 차게 된다. 잠시 있다 사라지는 그 어떤 것도 그를 더 이상 흔들지 못한다. 이 땅에 있는 그 어떤 것도 그에겐 더 이상 달콤한 것이 아니다. 그것이 곧 바울이 말했던 "그런즉 이제는 내가 사는 것이 아니요 오직 내 안에 그리스도께서 사시는 것이라"의[3] 의미다.

그 초탈이란 것이 그토록 가치 있는 것이라면, 대체 초탈은 무엇이냐고 너희는 묻고 싶을 것이다. 여기서 너희는 올

---

3.   갈라디아서 2:20.

바른 초탈이란, 다른 게 아니라, 사랑할 때나 슬플 때나 영예
로울 때나 수치스러울 때나 그 어떤 경우이든지, 마치 광대
한 산이 조그만 바람 앞에서 미동(微動)조차 하지 않는 것처
럼, 꿈쩍도 하지 않는 것임을 알아야만 한다. 한 피조물이 하
나님과 동일해질 수 있다고 한다면, 사람들을 하나님과 가장
동일한 상태로 이끄는 것은 바로 이 초탈이다. 그런데 그처
럼 하나님과 사람이 동일하게 되는 것은 은혜 때문이다. 왜
냐하면 은혜는 사람을 시간이 지나면 소멸되는 그 모든 것에
서 떼어내 주며, 잠시 있다 사라지는 모든 것에 매이지 않는
순수한 존재로 만들어주기 때문이다. 그런 점에서 너희는
"그 안에 그 어떤 피조물도 들어 있지 않은 존재는 하나님으
로 충만한 존재요, 그 안이 온갖 피조물로 가득 채워진 존재
는 하나님이 없는 존재"임을 알아야 한다.

그렇다면 이런 질문을 하는 이가 있을지도 모르겠다. "그
리스도께서는 '내 마음이 매우 고민하여 죽게 됐으니'라고[4]
말씀하셨는데, 그렇다면 그분은 과연 요동치 않는 초탈자이
셨는가? 또 그리스도의 십자가 아래에 서 있었던 마리아는
초탈자였을까? 이런데도 사람들이 그리스도와 마리아의 비
탄에 대하여 말이 많은 걸까? 어떻게 그 모든 것(그리스도와 마

---

4. 마태복음 26:38.

리아의 비통한 탄식)이 요동치 않는 초탈과 함께 있을 수 있다는
말인가?"

　　이에 관하여 너희가 알아야 할 것이 있다. 각 사람 속에
는 두 종류의 사람이 있다는 사실이다. 그 하나는 겉 사람이
라 불리는데, 그것은 곧 육체의 욕구를 좇는 사람의 성향이
다. 오감(五感)이 겉 사람을 섬긴다. 하지만 이 감각들이 활동
하는 것은 영혼의 힘 때문이다. 또 하나의 사람은 속사람이
라 불린다. 이 속사람은 사람 내면의 본질이다. 여기서 너희
가 알아야 할 사실이 있다. 하나님을 사랑하는 사람은 자신
의 영혼의 힘을, 오감이 필요로 하는 것 이상으로, 겉 사람을
위해 사용하지 않는다는 것을 알아야 한다. 더욱이 사람 내
면의 이 본질이 오감을 지향하는 경우는 오직 사람이 이성
없는 짐승처럼 쾌락에 젖어 살아가는 많은 사람을 따라 살지
않도록 그 사람을 지켜주는 지도자요 인도자 노릇을 할 때뿐
이다. 그렇게 쾌락에 젖어 사는 사람들은 본디 사람이라기보
다 짐승일 것이다. 여러 힘을 갖고 있는 영혼은 이 힘들을 오
감에게 주지 않고, 오직 속사람에게 준다. 따라서 사람이 고
상하고 고귀한 상태에 있다는 것은 영혼이 오감에게 빌려주
었던 모든 힘을 자기 속으로 끌어당김을 말한다. 이때 그런
사람들을 가리켜 환희에 찬 사람이라고 말한다. 하지만 영혼

이 지닌 힘들을 겉 사람을 만족시키는 데 모조리 써버리는 사람도 많이 있다. 이런 사람들은 모든 감각과 생각이 잠시 있다 사라지는 외면의 재물에 쏠려 있는 자들로서, 속사람이란 것은 눈곱만큼도 알지 못하는 자들이다. 선한 사람의 영혼은 어떤 고상한 대상(사물)을 자기 안에 품게 됐을 때 겉 사람에게서 영혼이 지닌 모든 힘을 앗아간다. 마찬가지로, 짐승 같은 사람은 속사람에게서 영혼이 지닌 모든 힘을 빼앗아 겉 사람을 만족시키는 데 사용한다. 여기서 너희가 또 알아야 할 것은, 겉 사람이 잘 활동할 수 있는 경우에도 속사람 역시 그 어느 것에도 매이지 않은 채 자유로이 그리고 요동치 않고 존재할 수 있다는 사실이다. 그러기에 그리스도나 그분의 어머니 마리아 안에도 외면을 지향하는 사람과 내면을 지향하는 사람이 함께 있었던 것이다. 그리스도와 마리아가 각각 외면의 것들에 관하여 이야기한 것은 그 겉 사람들로 말미암아 이루어진 일이다. 그때에도 그 속사람은 전혀 흔들림 없이 초탈 상태에 있었다.

그와 같은 모습을 이런 비유에서 이해해 보라. "문은 그 축을 중심으로 열리거나 닫힌다. 여기서 나는 문의 겉면을 겉 사람에, 그 축을 속사람에 견주어 본다. 문이 열리거나 닫힐 때면, 문의 겉면도 이쪽저쪽으로 움직인다. 그러나 그 문의 축은 늘 움직이지 않은 채 존재하면서 조금도 변하지 않는다. 속사람과 겉 사람의 경우도 이와 마찬가지다."

하지만 하나님은 온전히 자기 의지로 가득한 사람의 마음에는 조금도 일하실 수 없다. 비록 하나님이 전능하시다 할지라도, 그분은 그때그때 (하나님을 향하여) 준비된 마음이나 민감한 마음을 발견하신 경우에라야 비로소 일하실 수 있다. 많은 사람의 마음속에는 이런 것 저런 것이 들어 있다. 그 마음속에는 무언가가 존재할 수 있지만, 그런 마음속에서는 하나님이 지극히 높은 것을 만들어내실 수 없다. 마음이 지극히 높은 것을 받아들일 준비를 하려면, 이런 것 저런 것이라고 일컬어지는 모든 것이 마음 밖으로 나가야 하기 때문이다. 초탈자의 마음이 이런 것이다. 초탈자의 마음속에서는 하나님이 그분의 지극히 순수한 의지를 최고로 펼쳐 보이신다.

그렇다면 나는 "초탈자의 마음에서 나오는 기도는 무엇인가?"라는 질문을 던져본다. 나는 그 질문에 "초탈자의 마음 곧 순수한 마음은 그 어떤 것도 간구할 리가 없다"라고 대답한다. 왜냐하면 간구하는 사람은 무언가를 욕망하는 사람이기 때문이다. 하지만 초탈자의 마음은 그 어떤 것도 욕망하지 않으며 그 어떤 것도 갖지 않는다. 그는 실로 그 모든 것에서 자유롭기 때문이다. 그런고로, 초탈자의 마음은 무언가를 간구하는 그 어떤 기도에도 매임이 없이 자유롭다. 초탈자의 기도는 하나님과 그 모양이 같기 때문이다. 영혼이 그런 경지에 이르면, 영혼은 자신의 이름을 잃고, 자기 안으로 하나님을 끌어당긴다. 그러면 영혼 그 자체는 스스로 무(無)가 되어버리고 하나님만이 남는다. 마치 태양이 아침의 서광을 자기 안으로 끌어당기면, 그 서광은 사라져버리고 태양만이 남는 것과 마찬가지다. 그 경지로 사람을 이끄는 것은 다름 아닌 순수한 초탈 바로 그것이다. 아우구스티누스는 이렇게 말한다. "영혼에는 하나님의 본질로 들어가는 천상의 출입문이란 것이 있다. 그곳에서는 영혼의 모든 것이 무가 되어버린다." 여기 땅 위에서는 순수한 초탈만이 이 출입문이다. 그 초탈이 지극히 높은 것에 이르면, 그것은 모든 지식을 통찰함으로써 자유를 얻게 되고, 하나님을 향한 사랑을 통해 (하나님과 상관없는) 사랑을 잃게 되며, 조명(깨달음, Erleuch-tung)으로 말미암아 어두워진다. 어떤 선생은 "심령이 가난한 사람은 복이 있나니, 이들은 곧 우리가 아직 존재하지 않았던 그때에 하나님이 만물을 소유하셨던 것처럼, 이제도 만물(의 소유권)을 하나님께 맡겨버린 사람이다"라고 말했지만, 우리 역시 그렇게 이해할 수 있다. 하지만 오직 초탈자의 마음만이 그렇게 이해할 수 있다.

　이성을 지닌 너희는 어느 누구도 가장 위대한 초탈자보다 높다는 소리를 듣지 못한다는 사실을 주목해야 한다. 영혼에 부끄러움을 안겨주지 않으면서 육체의 욕망이 존재할 수 있는 경우는 결코 없다. 육(肉)의 소욕은 영(靈)을 거스르며, 영의 소욕은 육을 거스르기 때문이다. 그러기에 육 안에서 그릇된 사랑을 뿌리는 자는 사망을 거두며, 영 안에서 올바른 사랑을 뿌리는 자는 그 영으로 말미암아 영생을 거둔다. 사람이 피조물에게서 많이 달아나면 달아날수록, 창조주께서 그를 향해 달려오는 경우가 더욱더 많아진다. 그런고로 초탈이 제일이다. 왜냐하면 초탈은 영혼을 깨끗케 하고 양심을 순수하게 만들어주며 마음에 불을 붙이고 하나님을 인식하기 때문이다. 나아가 피조물로 하여금 다른 피조물에게서 떨어져 나와 하나님과 하나가 되게 하기 때문이다. 하나님에게서 분리된 사랑은 물속에 있는 불과 같으며, 하나님과 하나가 된 사랑은 벌집 속에 있는 꿀과 같다.

　이성으로 충만한 자여, 이 점을 주목하라. 너희를 완전함으로 데려다줄 가장 빠른 짐승은 고통이다. 어느 누구도 그리스도와 가장 깊은 슬픔을 함께했던 사람만큼 영생을 향유할 수는 없다. 고통보다 쓰디쓴 것은 없지만, 고통을 당함보다 달콤한 것도 없다. 이런 완전함이 서 있을 수 있는 가장 든든한 기초는 바로 겸손이다. 왜냐하면 겸손의 성질은 가장 낮은 지경까지 기어가는 데 있지만 겸손한 자의 영은 지극히 높은 하나님의 경지까지 날아가기 때문이다. 사랑은 슬픔을 가져다준다. 또 그 슬픔은 사랑을 가져다준다. 사람들의 처신은 다양하다. 이런 이도 있고 저런 이도 있다.

그러나 이런 현세 가운데 지극히 높은 이에게 이르고자 하는 이는 성경 전체에서 "너는 모든 사람을 초탈하며, 육신에 속한 모든 형상과 접촉하지 말라. 또 재난, 억압, 근심이 가져다줄 수 있는 그 모든 것에서 네 자신을 해방시키며, 네 마음이 늘 거룩한 직관(Schauen)을 향하도록 하라. 너는 그 직관 속에서 하나님을 이상의 완전한 구현체요 유업으로서 영원히 네 마음 가운데 지니게 되며, 그 직관으로 말미암아 네 눈은 전혀 흔들리지 않게 된다"는 짧은 교훈만을 얻을 뿐이다.

그렇다면 이렇게 묻는 사람이 있을지도 모르겠다. "하나님이라는 이상의 완전한 구현체를 흔들림 없는 시선으로 늘 바라볼 수 있는 사람이 어디 있겠는가?" "오늘 이 시대를 살고 있는 어느 누구도 그렇게 할 수 없다"는 것이 내 대답이다. 그러기에 나는 오직 하나만을 너희에게 말한다. 너희도

아는 그것은 곧 지극히 높은 것이 무엇인가 그리고 너희가
뭘 추구하며 뭘 갈망해야 하는가이다. 그러나 만일 지극히
높은 이의 시선이 너희에게서 멀어지면, 너희가 선한 사람이
더라도 그것은 너희에게서 영원한 복을 앗아가는 것과 마찬
가지일 것이다. 그 경우에 너희는 즉시 돌이키라. 그리하면
지극히 높은 이의 시선이 너희에게 되돌아올 것이다. 따라서
너희는 가능한 한 늘 자신을 주의하여 살피고 그 위에 너희
의 마음과 피난처를 세워야만 한다.

주 하나님이시여, 당신을 영원히 찬미하나이다. 아멘.

제2부
설교

어떤 일에 열심을 다하는 삶과
고요히 바라보는 삶에 관하여
(마리아와 마르다)

예수께서 한 마을에 들어가시매(누가복음 10:38).

누가는 우리 주 예수 그리스도께서 한 조그만 마을에 들어가셨을 때, 한 여인이 그분을 맞이했다고 복음서에 기록해 놓았다. 그 여인은 마르다였다. 마르다에게는 마리아라는 여동생이 있었다. 마리아는 우리 주님의 발아래에 앉아 그분의 말씀을 들었다. 하지만 마르다는 이리저리 다니며 우리 주님을 대접했다.

세 가지 일이 우리 주님의 발아래에 앉아있던 마리아를 끌어당겼다. 첫째는 하나님의 자비하심이었다. 그 자비하심

이 마리아의 영혼을 사로잡았다. 둘째는 크고 형언할 수 없
는 욕구, 곧 마리아 자신이 갈구하면서도 무엇을 갈구하는지
몰랐던 그것, 마리아 자신이 원하면서도 무엇을 원하는 것인
지 몰랐던 바로 그것이었다. 셋째는 달콤한 위로와 환희였
다. 그리스도의 입이 은밀하게 속삭이는 영원한 말씀이 마리
아에게 그 위로와 환희를 부어주었다.

마르다 역시 세 가지가 그녀를 끌어당기고 있었다. 그것
들이 마르다로 하여금 이리저리 다니며 사랑하는 그리스도
를 시중들도록 재촉했다. 첫째는 그가 여인으로서 지닌 원숙
한 솜씨요 가장 먼저 해야 할 일을 능숙하게 처리하는 철저
함이었다. 그 때문에 마르다는 어느 누구도 자신만큼 그 일
을 그렇게 잘할 수 없으리라 생각했다. 둘째는 현명한 분별
력이었다. 그 분별력을 사용하여 마르다는 겉으로 드러난 일
을 (하나님과 하나가 된) 사랑이 명령하는 것에 따라 잘 처리하
는 법을 알고 있었다. 셋째는 그 사랑하는 손님이 지닌 위대
한 가치(커다란 엄위)였다.

하나님은 영에 속한 것이든 아니면 육에 속한 것이든 각
사람의 열망대로 그 사람에게 만족을 주실 준비를 하고 계신
다고 선생들은 말한다. 우리가 이성적 존재일 경우에 하나님
이 우리에게 만족을 주시는지 아니면 우리가 감성적 존재일

경우에도 우리에게 만족을 주시는지 여부는 하나님이 사랑하는 벗들 그 자신에게 달려 있다.

하나님이 우리에게 위로와 황홀함과 지각을 주심으로써 우리로 하여금 호사를 누리게 하실 때, 우리 마음은 만족을 느낀다. 그러나 이러한 만족은 내면의 느낌을 따라 하나님이 사랑하는 벗들에게 생겨난다. 하지만 이성에 합치하는 만족은 영에서 생겨난다. 그 어떤 황홀경 속에서도 최고의 정점은 아래로 끌어내려지지 아니하며 미친 듯한 희열에 빠지지 아니한다. 나는 바로 거기에서 이성의 만족이 아주 힘차게 우뚝 솟아오른다고 말한다. 피조물에 대한 사랑과 피조물에서 연유한 고통이 최고의 정점을 굴복시킬 수 없을 때, 비로소 사람은 이성에 합치하는 만족을 느끼게 된다.

그런데 마르다는 "주여, 내 누이를 명하사 나를 도와주게 하소서"라고 말한다. 마르다는 미운 심정이 아니라 사랑하는 마음으로 이 말을 했다. (동생을) 사랑하는 이 마음이 마르다를 정복했던 것이다. 우리 역시 사랑의 마음으로 투정하듯 말할 수 있지 않은가?

그러나 너희가 여기서 주목할 것은 마리아의 영혼 전체가 미친 듯한 희열에 사로잡혀 있음을 마르다가 알았다는 점이다. 마리아가 마르다를 아는 것보다 마르다는 마리아를 더 잘 알고 있었다. 마르다가 마리아보다 오래 그리고 만족스러운 삶을 살았기 때문이다. 그런 삶은, 하나님 그분을 제외하고, 사람이 이 육신을 입은 채 받을 수 있는 그 어떤 것보다 많은 깨달음을 준다.

바울은 환상 속에서 하나님을 보면서 동시에 자신이 하나님 안에 있음을 보았다. 그럼에도 불구하고 그는 하나하나의 모든 덕을 뚜렷하게 통찰할 자격을 갖춘 사람이 아니었다. 왜냐하면 그는 (덕을 행하는) 일을 실천한 적이 없었기 때문이다. 그러나 선생들은 덕을 행함으로써 높은 통찰에 이르렀다. 그 결과 그들은, 이를테면 첫 환상 속에서 비로소 개개의 덕을 생각할 수 있었던 바울이나 다른 어떤 성인보다도 그 덕을 잘 생각할 수 있었다.

그런 선생의 반열에 마르다가 있었다. 그러기에 마르다는 "주여, 내 누이를 명하사 나를 도와주게 하소서"라고 재촉했다. 마르다는 마치 "제가 보니, 제 동생 마리아는 주님 옆에 앉아 (주님의) 위로에 잠길 동안에는 자기가 하고자 하는 것이라면 뭐든지 할 수 있는 것 같습니다. 주님, 마리아로 하여금 지금 사정이 어떤지 보게 하시고, 일어나 주님에게서 떨어지도록 명령해 주십시오"라고 말하는 것 같다. 하지만 마리아는 열망으로 가득 차 있었다. 그 바람에 마리아는 무언가를 갈구하면서도 자신이 무얼 갈구하는지 알지 못했으며, 무언가를 원하면서도 자신이 무엇을 원하는지 알지 못했다. 그런 점에서 우리는 그 사랑스러운 마리아가, 영이 재촉해서라기보다 자신의 기쁨 때문에 주님 옆에 앉아 있지 않았나 하는 의문을 갖는다. 그러기에 마르다도 "주여, 내 누이를 명하여 일어나라 하소서"라고 말했던 것이다. 왜냐하면 마르다는 마리아가 열망에 붙잡혀 더 이상 앞으로 나아가지 못할까 봐 두려워했기 때문이다.

그런데 그리스도는 마르다에게 이런 말로 대답하셨다. "마르다야, 마르다야, 네가 많은 일로 염려하고 근심하는구나. 한 가지가 필요하다. 마리아는 그 가장 좋은 것을 택했으니, 결코 그것을 빼앗기지 아니하리라." 그리스도는 책망하는 투로 마르다에게 말씀하시지 않았다. 도리어 그분은 마리아가 열망하던 그것을 주어야 한다고 위로하며 대답하셨다. 그렇다면 그리스도는 왜 "마르다야, 마르다야"라고 말씀하시면서, 마르다의 이름을 두 번이나 부르셨을까? 사람이 되신 하나님이 그분에게 잃어버린 사람일 수도 있는 이의 이름을 부르셨을 리 없다는 점은 의심의 여지가 없다. 그리스도께서 이름을 부르지 않은 사람들이 의심스럽다. 왜냐하면 그리스도가 이름을 부르셨다는 것은 곧 만물이 창조되기 전부터 그 사람이 생명책, 즉 아버지와 아들과 성령이 갖고 계신 책 안에 변함없이 항상 들어 있다는 것을 그리스도께서 영원히 알고 계심을 가리키기 때문이다.

그렇다면 그리스도는 왜 마르다의 이름을 두 번이나 부르셨을까? 그분은, 잠시 있다 사라지는 현세의 것이나 아니면 영원한 것이나, 사람이라는 피조물이 가져야 할 모든 좋은 것을 마르다가 모두 함께 갖고 있으리라고 생각하셨다. 그리스도는 처음에 "마르다"의 이름을 부르심으로써 마르다가 잠시 있다 사라질 뿐인 현세의 일에도 완전하다는 것을 증명하셨다. 그분은 두 번째로 "마르다"의 이름을 부르심으로써 마르다가 영원한 복(구원)에 속한 것을 하나도 빠짐없이 소유하고 있음을 마르다 자신에게 증명하셨다. 그리스도께서 마르다에게 "네가 염려하는구나"라고 말씀하셨던 것은 "마르다 네가 일들에 에워싸여 있으나, 그 일들이 너를 좌지우지하는 게 아니다"고 생각하셨기 때문이다. 아무리 일이 많더라도 거기에 방해받음이 없는 상태를 유지하려면, 마음을 쓰며 염려할 수밖에 없다. (아무리 일이 많아도 그 모든 일에) 방해받지 않는 사람들만이 자신의 모든 행위를 영원한 빛이라는 모범으로 향하게 한다. 많은 일에 사로잡혀 정신없이 바쁜 것은 외면(外面)만이 분주한 것이다. 그러나 어떤 한 가지

일에 집중하여 열심을 다하는 것은 곧 내면에서 겸손하게 일을 실천하는 것이다. 여기서 이런 사람들, 곧 적절하게 일 옆으로 물러서서 그 일에 매몰되지 않는 사람만이 올바르다. 그들은 자신의 일 옆에 서서 그 일을 정말 올바르게 경영하지만, 그 경우에도 그들은 늘 영원한 것의 가장자리에 서 있는 것처럼 행동한다. 모든 피조물은 하나의 방편(매개체, Mittel)에 불과하기 때문이다.

이 방편에는 두 가지가 있다. 첫째는, 시간(현세) 속에서 수고하며 일에 열심을 다하는 것이다. 이 수고와 이 열심이 없으면 나는 하나님 안에 들어갈 수 없다. 이 행위가 영원한 구원을 침해하지는 않는다. 하지만 이와 다른 또 하나의 방편이 있다. 그것은 곧 그 행위에 얽매이지 않고 자유를 누리는 것이다. 왜냐하면 우리는 여기 시간 속에 존재하고 있으면서도, 이성에 합치하는 우리의 행위를 통해 하나님께 더 가까이 가며 그분을 더욱더 많이 닮아가기 때문이다. 바울이 "너희는 시간(시대)으로부터 해방하여 자유하라(Befreiet). 때가 악하니라"라고[1] 말한 것도 이런 의미다. 시간을 극복한다는

1.　에크하르트는 에베소서 5:16을 이렇게 옮겨놓았다. 하지만 그리스어 본문에 등장하는 *exagorazō*라는 동사는 "-를 해방시키다, -로 하여금 자유를 누리게 하다"라는 뜻이 있지만, 여기서는 "주어진 기회나 시간을 최대한 활용하다"라는 뜻으로 보는 것이 보통이다. 라틴어 성경 불

것은 곧 사람이 영으로 끊임없이 하나님 안으로 밀고 들어감을 말한다. 따라서 너희는 "때(날/낮)가 악하다"라는 말을 "낮은 밤을 가리킨다. 만일 밤이 없으면 낮 역시 없겠지만, 그렇게 되면 온통 빛만 있을 것이기 때문이다"라는 뜻으로 이해해야 한다. 또 바울은 "때가 악하다"는 말로써 의기양양한 영이라 할지라도 영원한 복(구원)을 누리지 못하도록 그 복에 구름을 덮어 그림자를 드리울 수 있는 어둠이 여전히 존재하기 때문에, 빛을 발하는 삶이 너무나 적음을 말하고자 했다. "너희가 빛을 가지고 있는 동안에 일하라"라는[2] 그리스도의 말씀도 같은 뜻이다. 왜냐하면 빛이 있을 때 일하는 사람은 어떤 매개체도 없이 하나님께 나아가기 때문이다. 그의 빛은 창조이며, 창조는 그의 빛이다. 마르다가 이런 처지에 있었다. 그러기에 그리스도는 마르다에게 "한 가지가 필요하다"

가타는 *redimere*라는 동사를 사용했는데, 이 말 역시 "-를 해방시키다, -를 속량하다, -을 사다"의 뜻이 있다.

2. 요한복음 12:35 말씀이다. 본디 그리스어 본문은 "너희가 그 빛(*to phōs*: 예수 그리스도를 가리킨다)을 갖고 있는 동안에 이리저리 다니도록 하라(*peripateite*)"라고 되어 있으며, 라틴어 성경 불가타 본문 역시 *ambulare dum lucem habetis*라고 되어 있어서 그리스어 본문과 동일하다. 루터는 '이리저리 다니다/걷다'라는 뜻을 지닌 그리스어 *peripateō*와 라틴어 *ambulare*를 같은 의미의 독일어 wandeln으로 옮겼으나, 에크하르트는 "어떤 일을 하다", "활동하다"라는 뜻의 wirken으로 옮겨놓았다.

라고 말씀하셨다. 우리는 비록 둘이지만, 영원한 빛에 둘러
싸이면 나와 너는 하나가 된다. 환히 빛나는 영은 만물 위에
있으며 영원의 영역 안에 계시는 하나님 아래에 있다. 그러
나 그렇더라도 (지금) 하나님을 직접 바라보지 않는 그 영은
(하나님에게서) 분리된 존재요 (하나님과) 둘로 나뉜 존재일 뿐이
다. 만일 그 영 자신이 모든 것에서 자유를 누리는 그곳에서
하나님을 보지 못한다면, 그 영의 통찰과 그 영이 통찰하는
원형은 결코 "하나"가 되지 않는다.[3] 빛과 영, 이 둘은 영원한
빛 안에 있을 때 비로소 하나가 된다. 그때에 비로소 나뉘어
있던 그 둘이 하나가 된다.

　여기서 너희는 "영원의 영역 안에"라는 말이 무슨 말인
지 알아야 한다. 영혼이 하나님께 이르는 길은 세 가지가 있
다. 첫째 길은 여러 행위와 불타는 사랑으로 모든 피조물 가
운데서 하나님을 찾는 것이다. "내가 만물 속에서 안식을 찾
았나이다"라는 다윗 왕의 말도 이런 의미다. 둘째 길은 자신
과 만물을 초월하는 것이요, 자신의 모든 이해를 뛰어넘어
하늘에 계신 아버지의 권능 가운데 황홀함을 누리는 것이다.
셋째 길은, 비록 길이라 불리지만, 사실은 본향으로 돌아가
는 길(Heimweg)이다. 그 길은 어떤 매개체도 없이 자신의 순

3.　"그 영은 사물의 원형을 볼 수 없다"는 말이다.

수한 자아 속에서 하나님을 바라보는 것이다. 그리스도는
"내가 곧 길이요 진리요 생명"이라고[4] 말씀하셨다. 세 길이
있으나, 진정한 길은 그리스도 안에 있는 한길뿐이다. 그리
스도의 말씀의 빛이 우리를 이 길로 인도한다. 이 말씀의 빛
은 빛과 말씀 그 둘을 하나로 만들어주는 사랑에 둘러싸여
있으며, 사람이 말로 표현할 수 있는 그 모든 것을 초월한다.
밖에 있는 것을 그 안에서 파악하고 그 안에서 파악하는 것
이 곧 그 안에서 파악된다. 보는 것이 곧 보이는 것 그 자체
이며, 붙들고 있는 것이 곧 붙들려 있는 것이다. 그것이 곧 마
지막 때며, 영이 영원이라는 합일체 속에서 쉼을 누리는 때
다. 그야말로 경이(驚異) 중의 경이다.

　　우리는 우리의 행위에서 세 가지를 주목해야 한다. 즉, 사
람은 적정하게, 이성을 따라, 지각 있게 일한다는 점이다. 내
가 말하는 적정한 행위는 사람이 항상 가장 가까이 있는 일
을 한다는 것을 뜻한다. 내가 이성을 따르는 행위라고 말하
는 것은 사람이 지금 하는 어떤 행위보다 나은 행위를 할 수
없는 경우를 일컫는다. 내가 지각 있는 일이라 일컫는 것은
사람이 선한 일을 행하면서 살아 있는 진리를 쾌활한 현존과
결합시키는 경우를 말한다. 이 셋이 함께 있는 곳에서 일(행

위)은 우리를 하나님께 가까이 데려갈 뿐 아니라, 광야에서 막달라 마리아가 환희에 잠겨 있을 때처럼 우리를 북돋아준다.

그런데 그리스도는 마르다에게 이렇게 말씀하신다. "네가 많은 일로 근심하나, 도리어 (근심해야 하는 것인데도) 근심하지 않는 것이 하나 있구나!" 이 말씀은 "영혼이 모든 일에 그 중심을 다하여 영원의 영역을 지향할 때, 그 영혼을 저 위로부터[5] 떼어 놓는 일들이 일어나면, 그 영혼은 근심에 잠기게 된다"는 뜻이리라. 이런 사람은 영혼을 저 위로부터 떼어 놓는 일이 생기면 온통 염려와 근심에 빠지게 된다. 하지만 마르다는 이리저리 헤매지 않는 능숙함과 자유로운 마음을 갖고 있어서 그 어떤 일에도 훼방을 받지 않았다. 그 때문에 마르다는 마리아가 아직 본질적으로 든든히 서 있지 않음을 보고 자신의 누이인 마리아가 자신과 같은 상태에 있게 되기를 열망했다. 마르다가 마리아도 영원한 복(구원) 가운데 든든히 서 있기를 소망한 것은 그런 굉장한 이유 때문이었다. 그래서 그리스도는 "한 가지가 필요하다"고 마르다에게 말씀하신다. 그렇다면 이 한 가지란 무엇인가?

그 한 가지는 바로 하나님이다. 이 한 가지, 곧 하나님이

---

5.   즉, 위에 계신 하나님으로부터.

모든 피조물에게 꼭 있어야 한다. 하나님이 자신의 것을 끌어당기시면, 모든 피조물은 무(無)가 되어버리기 때문이다. 마르다는 자신의 누이가 욕망과 미칠 듯한 환희에 사로잡혀 있을까 봐 두려워했다. 그런 점에서 그리스도가 마르다에게 하신 말씀은 마치 이런 말씀 같다. "마르다야, 다만 (지금 이 상태에) 만족해라. 마리아는 가장 좋은 것을 택했다. 모든 피조물에게 부족할 수 있는 것이더라도 적어도 마리아에게는 만족스러울 수 있다. 마리아도 마르다 너처럼 거룩해질 필요가 있다."

이제 너희는 덕에 관한 가르침을 들어야 한다. 유익한 삶은 의지 속에 세 가지를 갖고 있다. 첫째는, 자신의 의지를 하나님께 내어맡기는 것이다. 사람이 옳다고 인식하는 그것을 실행하려면 이 일이 이루어져야 한다. 자신의 의지를 하나님께 내어맡기는 일은 무언가를 내맡기거나 무언가를 떠맡김이다. 이것은 육에 속한 의지다. 둘째는 영에 속한 의지이며, 셋째는 영원한 의지다. 영에 속한 의지는 사람이 그리스도와 성도들의 행적을 열심히 좇아가면서 말과 거동과 행실을 지극히 높으신 분에게 복종함 안에 있다. 이것이 완전히 이루어지면, 하나님은 영혼의 밑바닥에 또 다른 무엇을 가라앉히신다. 그것이 바로 기쁨에 찬 성령의 명령과 함께하는 영원한 의지다. 영혼은 이렇게 말한다. "주여, 당신의 영원한 의지(뜻)를 내게 알리소서." 그럼으로써 영혼이 영원한 말씀을 만족케 하면, 사랑하는 아버지는 그분의 영원한 말씀을 영혼에게 들려주실 수 있다.

이제 우리 선한 사람들이 갈구하는 것은 하나님과 상관없는 그 어떤 종류의 사랑도 더 이상 우리를 흔들지 못할 정도로 사람이 완전해지는 것이요 고통 및 사랑과 접촉하지 않으면서도 존속할 수 있는 것이다. 선한 사람이더라도 슬픔과 사랑 속에 있으면 옳지 않은 행동을 한다. 내가 말하거니와, 아무리 성도라도 (슬픔과 그런 사랑에) 전혀 동요치 않을 만큼 위대했던 성도는 단 하나도 없었다. 모름지기 성도가 되면 더 이상 하나님을 등질 수 없다는 말에 나는 동의하지 않는다. 그리스도 그분조차도 예외는 아니었다. "내 마음(영혼)이 매우 고민하여 죽게 됐다"라는[6] 그분의 말씀이 이를 증명해 준다. 말씀이 그리스도께 고통을 주었다. 오직 한 사람이 만인의 고통을 다 짊어진다 하더라도 그리스도가 겪으셨던 고통만큼 크지는 않을 것이다. 이는 그분의 타고난 고귀함 그리고 신성과 인성의 거룩한 합일에서 연유했다. 그러기에 나는 고통에도 괴로워하지 않으며 기쁨에도 즐거워하지 않는 일

6.　마태복음 26:38.

이 성인들에게는 일어나지 않는다고 말한다.

혹시라도 누군가가 어떤 사람들의 믿음을 부정한다 할지라도 그들이 은혜로 말미암아 (하나님과 관계없는) 사랑을 할 때나 슬플 때나 평상심(平常心)을 유지한다면, 그것은 (하나님과 하나 된) 사랑 때문이다. 사랑할 때나 슬플 때나 평상심을 유지하는 일이 성도들에게도 이루어질 수 있다면, 그 어떤 것도 성도들을 하나님에게서 떼어 놓을 수 없다. 그런 사람은, 마치 (하나님의) 은혜 안에 거하지 않는 경우처럼 그 중심이 고통을 당한다 할지라도, 그 의지는 우직하게 하나님을 고집하면서 "주여, 저는 당신께 그리고 당신은 제게 속했나이다"라고 말한다. 무언가가 그런 성도를 엄습할 수 있다 할지라도, 그것은 결코 그가 누릴 영원한 복(구원)을 저지하지 못한다. 성도를 엄습하는 것은 성도가 지극히 사랑스러운 의지(뜻) 가운데 거하며 하나님과 하나가 되어 있는 그곳, 곧 영의 최고 정점에 이르지 못하기 때문이다.

그러기에 그리스도는 이렇게 말씀하신다. "네가 많은 일로 염려하고 근심하는구나." 왜냐하면, 마르다는 본질적인 것 안에 있었기에, 그 어떤 활동도 그를 방해하지 않았으며 모든 행위나 분주함이 그의 영원한 구원을 향한 것이었기 때문이다. 마리아가 진정 마리아라는 한 인간이 될 수 있으려면, 먼저 마르다와 같은 사람이 되어야만 했다. 마리아는 우리 주님의 발밑에 앉아 있을 때에도 아직 그런 사람이 아니었기 때문이다. 마리아는 그저 기쁨과 황홀함 때문에 그 자리에 앉아 있었다. 반면, 마르다는 본질인 것 가운데 굳건히 서 있었기에, "주여, 내 누이에게 명하여 일어나게 하소서"라고 말할 수 있었다. 마르다의 말은 마치 이런 말처럼 들린다. "주여, 나는 마리아가 황홀함에 취하여 그곳에 앉아 있지 않기를 소망했나이다. 주여, 나는 마리아가 삶을 배워 그가 본질을 소유하게 되기를 바랐나이다. 마리아를 명하여 일어나게 하사, 그로 하여금 완전한 자가 되게 하소서."

마르다는 아직 마리아에게 (주님 발밑에서 일어나도록) 명하지 않았다. 그 때문에, 마리아는 그리스도의 발밑에 앉아 있었다. 나는 (그리스도의 발밑에 앉아 있는) 그 마리아를 "참된 가르침에 귀를 기울이는 데 익숙한 생명"이라고 부른다. 내가 귀를 기울인다고 말하는 것은 "내면의 훈계를 충족시키는 것"을 가리킨다. 마리아는 우리 주님의 발밑에 앉아 있던 바로 그때 처음으로 학교에 들어가 삶을 배웠던 것이다.

그러나 그 뒤, 그리스도께서 승천하시고 마리아는 성령을 받았다. 그때 마리아는 맨 처음으로 섬김을 시작했다. 그는 바다를 건너가 가르치고 설교하면서 제자들을 돕는 여인이 됐다.

　성도들이 자신의 미덕들을 사용하여 일하기 시작하면, 그제야 성도들은 거룩한 사람이 된다. 그때에 성도들은 영원한 복(구원)이라는 보배를 거두기 때문이다. 이를 통해 성도들이 만들어내는 그것이 모든 죄책(罪責)과 모든 고통을 깨끗이 없애버린다. 그리스도가 그 증인 중 한 분이시다. 하나님이 사람이 되시고 이 사람이 곧 하나님이셨던 그분은 처음부터 우리의 복(구원)을 위해 일하기 시작하셨으며, 자신이 십자가에 못 박혀 돌아가시던 마지막까지 그 일을 계속하셨다.

　하나님, 우리가 올바른 마음으로 (그리스도를) 참되게 증명하며 그리스도 뒤를 따라갈 수 있도록 우리를 도와주소서. 아멘.

참된 가난에 관하여

심령이 가난한 자는 복이 있나니, 천국이 그들의 것이다(마태복음 5:3).

지복(至福)은 그 지혜로운 입을 열어 이렇게 말했다. "심령이 가난한 자는 복이 있나니, 천국이 그들 것이다."

그 어떤 천사와 성도라도, 일찍이 태어났던 그 어떤 것이더라도 아버지의 이 영원한 진리가 선포될 때는 침묵할 수밖에 없다. 천사들과 모든 사람이 지닌 그 어떤 지혜도 그 깊이를 알 수 없을 정도로 심오한 하나님의 지혜 앞에서는 말 그대로 아무것도 아니기 때문이다. 이 하나님의 지혜가 가난한 이는 복이 있다고 말씀한다.

그런데 가난에는 두 종류가 있다. 첫째는 외면(外面)에 나타나는 가난이다. 이 가난은 선하며, 이 땅에서 몸소 이 가난을 실천하셨던 우리 주 예수 그리스도를 사랑하는 마음으로 스스로 이 가난을 짊어지려는 사람들에게 큰 찬미를 받아 마땅한 것이다. 나는 이 가난에 관하여 더 이상 말하지 않으련다. 하지만, 또 한 종류의 가난이 있으니, 바로 내면을 향하고 있는 가난이다. "심령이 가난한 자"라는 우리 주님의 말씀은 이 가난을 가리켜 말씀하신 것으로 이해해야 한다.

이제 나는 너희가 가난한 처지가 되어 이 말씀을 이해하게 되길 부탁한다. 왜냐하면, 나는 너희에게 영원한 진리의 편에서 이야기하고 있기 때문이다. 너희가 우리가 지금 말하는 이 진리에 이르도록 자라지 않으면, 너희는 나를 이해할 수 없다.

몇몇 사람은 내게 무엇이 가난이냐고 물었다. 우리는 이 문제에 관하여 답하려 한다. 가난한 사람은 하나님이 창조하셨던 모든 것에 결코 넉넉함이란 것을 갖지 않는다고 알브레히트(Abrecht) 주교는 말한다. 좋은 말이다. 그러나 우리는 여기에 덧붙여 가난을 좀 더 고결한 의미로 받아들인다. 즉, 가난한 사람이란 아무것도 바라지 아니하며 아무것도 알지 아

니하고 아무것도 갖지 않은 사람이다. 나는 이에 관하여 세
가지를 말해 보려 한다.

첫째, 가난한 사람이란 아무것도 바라지 않는 사람을 일
컫는다. 몇몇 사람은 이 말뜻을 올바로 이해하지 못하고 있
다. 이들은 아무리 보속(補贖, Bußwerk)을 행하며 사람들 앞에
서 여러 일을 하면서도 여전히 자기 본성을 고집하는 이들이
다. 이 사람들은 너무나 가엾게 보일 뿐이다! 그들은 진정 하
나님의 진리에 관하여 조금도 통찰이 없다. 겉모습만 보면,
이 사람들은 경건하다. 그러나 그 내면을 보면, 그들은 바보
일 뿐이다. 그들은 하나님의 진리가 가진 차이점을 파악하지
못하고 있기 때문이다. 이 사람들은 가난한 사람이 하나님의
가장 기뻐하시는 뜻을 만족시켜 드리는 사람이라기보다 하
고자 하는 것이 없는 사람이라고 생각한다. 하지만 그런 사
람은 오히려 우리가 말하는 그런 가난을 갖고 있지 않다. 그
는 여전히 하나님의 뜻을 만족시켜 드리려는 어떤 의지를 갖
고 있기 때문이다. 그것은 올바르지 않다. 진정 가난해지고
자 한다면, 그는 자신이 있지 않았던 그때에도 있었던 것처
럼, 창조된 자신의 의지에서 자유로워야 하기 때문이다. 내
가 영원한 진리의 편에서 너희에게 거듭 말할 것이 있다. 너
희가 하나님의 뜻을 만족시켜 드리려는 이런 의지를 갖고 있

는 한, 나아가 가령 영원을 갈망하며 하나님 바로 그분을 갈
망하는 한, 너희는 진정 가난한 사람이 아니다. 가난한 사람
은 다만 그 어떤 것도 바라지 아니하며 그 어떤 것도 인식하
거나 갈망하지 아니한다.

내가 나의 제일원인(第一原因)[1] 안에 있었을 때에는 결코
하나님이란 분을 소유하지 않았다. 나는 아무것도 바라지 않
았고 아무것도 갈망하지 않았다. 나는 단지 하나의 존재였을
뿐이며, 다른 어떤 것이 되려고 하지 않았기 때문이다. 내가
원했던 것은 그때의 나였다. 그때의 나, 바로 그것을 나는 원
했다. 나는 하나님과 모든 것에 매임이 없이 자유로운 상태
에 있었다. 그러나 내가 내 자유로운 의지에서 빠져나와 창
조된 내 존재를 받아들이자, 나는 하나님이라는 분을 얻게
됐다. 피조물들이 존재하기 전에는 하나님이 "하나님"이 아
니었기 때문이다. 하나님은 곧 존재하고 계신 바로 그분이었
다. 피조물들이 창조되어 존재하기 시작했을 때, 하나님은
더 이상 자기 자신 안에 있는 하나님에 그치지 않고, 피조물
들 안에 거하시는 하나님이 되셨다. 그럼으로써 그분은 그들
에게 늘 그들 피조물을 향하신 하나님으로 계시며, 미미한

---

1. 자신은 운동하지 아니하고 다른 것을 움직이는 궁극의 원인. 만물의
   창조자인 신(神)을 이른다.

피조물 속에 그들을 담을 수 있을 만큼 전능하심과 풍성하심을 넉넉히 갖고 계신다. 만일 파리가 이성을 갖고 있어서 그 이성으로 자신이 유래한 곳이요 그 끝을 알 수 없는 심연과 같은 하나님의 진리를 파악하려 한다면 우리는 이렇게 이야기할 것이다. "[상상의 대상으로서의] '하나님'은, 모든 것을 가진 [신(Gottheit)으로서의] 하나님은, 파리의 소망을 들어주거나 그를 만족시키기를 바라지 아니하실 것이다."

　　따라서 우리는 우리가 "하나님"에게서 자유를 누리게 되며 가장 높은 천사, 파리, 영혼처럼 진리를 받아들여 영원히 누리기를 간구한다. 그때에는 가장 높은 천사, 파리, 영혼은 여전히 하나님 안에 있을 것이며, 나도 부활하여 (하나님 안에 있었던) 그전의 나를 바라고 내가 바랐던 그 모습으로 존재하게 될지도 모른다. 사람은, 그가 아직 (피조물로서) 존재하지 아니했을 때 바라고 갈망했던 것처럼, 그 욕구(의지)에 있어 가난한 자가 되어야 하며 그럼으로써 바라는 것과 갈망하는 것이 없어야 한다.

　　둘째로, 가난한 사람은 아무것도 알지 않는 사람이다. 우리는 사람이 마치 자기 자신이나 진리나 하나님을 위해 살지 않는 것처럼 살아야 한다고 많이 말했다. 그러나 이제, 우리는 그것을 달리 말하여 이렇게 표현해 본다. 즉, 가난을 소유하고자 하는 사람은 (하나님 안에 있었던) 과거의 그를 이해해야 한다. 과거의 그는 아직 자기 자신이나 진리나 하나님을 위해 살지 않았다. 가난을 소유하고자 하는 사람은 모든 앎에서 자유롭다. 그 때문에 그 사람 안에는 ("하나님은 이런 분이다"라고 제시하는) 그 어떤 종류의 하나님 관념도 살아 있지 않다. 사람이 하나님의 영원하신 원상(原狀) 안에 있었을 때에는 그 안에 다른 어떤 것도 살고 있지 않았기 때문이다. 그 안에 살고 있던 그것은 바로 하나님 자신[대상이신 하나님이 아니라 신이신 하나님 자체]이셨다. 그러기에 우리는 사람이, 사람으로서 아직 현존하지 않았던 당시의 그처럼, 자기 자신의 앎에서 자유로워야 하며, 자신이 원하는 것을 하나님이 행하시도록 내어 맡김으로써, 마치 그가 하나님에게서 나왔을 때처럼, 아무것에도 매이지 않는 자유를 누리라고 말한다.

그러면, "복은 대부분 어디에 존재하는가?"라는 물음이 생긴다. 몇몇 선생은 사랑 속에 가장 많이 존재한다고 말했다. 또 다른 이들은 지식(깨달음)과 사랑 속에 존재한다고 말한다. 그러나 우리는 지식 안에도 그리고 사랑 안에도 존재하지 않는다고 말한다. 오히려 영혼 안에는 지식 및 사랑이 흘러나오는 어떤 것이 존재하고 있다. 이 어떤 것은, 영혼 속에 존재하는 여러 힘처럼, 자신을 통찰하거나 사랑하지 않는

다. 이를 깨닫는 사람은 복이 어디에 있는지 깨달은 사람이
다. 이 어떤 것은 얻을 능력도 잃을 능력도 없기에, 그 이전에
도 없고 그 이후에도 없으며 어떤 일이 일어나기를 기다리지
도 않는다. 그렇기 때문에 그것은 자기 자신 안에서 활동할
수도 없다. 그보다도 이것은 바로 하나님의 방식을 좇아 자
기 자신을 누리는 자아이다. 그러기에 나는 사람들에게, 하
나님께 매이지 않고 그분에게서 자유를 누려야 한다는 것,
그리고 하나님이 그 사람 안에서 무엇을 행하시는지 알려고
도 하지 말고 통찰하려고도 하지 말라고 당부한다. 이와 같
이 사람은 자기 자신의 앎에 가난한 자가 되어야 한다.

　셋째로, 가난한 사람은 아무것도 갖지 않은 사람이다. 많
은 이는 사람이 눈에 보이는 이 땅의 것을 아무것도 소유하
지 아니함을 가리켜 완전하다고 말했다. 사람이 자기 의지로
그런 일을 행함은 진정 참되다. 그러나 나는 가난을 그런 의
미로 생각하지 않는다. 나는 종종, 사람이 하나님이 거하시
는 장소가 되어 그 안에서 하나님이 일하실 수 있으려면, 그
사람이 눈에 보이지 않는 것이나 눈에 보이는 것이나 모든
사물과 모든 일에서 자유로워야 한다고 이야기한 적이 있다.
그러나 우리는 이제 그것을 다르게 이야기한다. 어떤 사람이
모든 사물, 모든 사람, 자기 자신, 나아가 하나님께도 매임이

없이 자유를 누린다고 해 보자. 그럼으로써 그 자신이 하나님이 일하실 수 있는 어떤 장소가 될 수 있다고 가정해 보자. 만일 그런 장소가 사람 안에 있다면, 그 사람은 가장 심오한 가난 가운데 있지 아니한 것이다. 왜냐하면 하나님은 자신이 일할 수 있는 장소가 사람 안에 있어야 한다고 생각하지 않으시기 때문이다. 그보다도 심령의 가난, 곧 사람이 하나님과 모든 일에서 자유를 누리는 상태, 하나님이 (사람의) 영혼 속에서 일하고자 하실 때 그분 자신이 곧 그분이 일하실 장소가 될 수 있는 상태야말로 으뜸이기 때문이다. 그리고 하나님은 그렇게 되기를 기뻐하신다. 하나님은 그런 사람을 가난하다고 여기시며, 그 사람은 이 가난 속에서 이전에도 그러했고 지금도 그러하며 앞으로도 영원히 그렇게 살아가게 될 영원한 본질(존재)을 얻게 된다.

그러므로 나는 하나님께 나를 하나님에게서 자유로운 존재로 만들어 달라고 간구한다. 왜냐하면 아직 있지 아니한 존재에게는 그 어떤 구별(나뉨)도 없기 때문이다. 나 자신이 나를 원하며 나 자신을 창조된 사람으로 인식하기 전에, 나는 이미 그 구별 가운데 있었다. 그러기에 시간이 지나면 사라지는 내 본질(존재)이나 영원히 존재하는 내 본질(존재)에 비추어 보면, 나 자신을 있게 한 원인은 내가 아니다. 나의 영원한 출생 방식에 따르면, 나는 태어나지도 않았으며 결코 죽을 수도 없다. 나의 영원한 출생 방식에 따르면, 나는 영원히 있었고 영원히 있으며 영원히 있을 것이다. 하지만 시간이 흐르면, 나라는 존재는 죽어서 사라진다. 나라는 존재는 하루라는 시간(der Tag)의 소유이기 때문이다. 그러기에 나라는 존재는 하루라는 시간과 더불어 죽을 수밖에 없다. 나의 영원한 출생 속에서, 만물이 태어났고 나는 나 자신과 만물의 원인이 됐지만, 만일 내가 그때에 그런 것을 원했다면 나나 그 어떤 것도 지금 있지 않을 것이요, 만일 내가 지금 존재하지 않는다면 하나님도 계시지 않을 것이다.

이것을 통찰할 필요는 없다. 어떤 위대한 선생은 사람이 분투하며 뚫고 들어가는 틈새(입구)가 그가 솟아나오는 원천보다 고귀하다고 말한다. 내가 하나님에게서 나왔을 때, 모든 것은 "하나님이 계신다"라고 말했다. 그런데 지금은 그것이 내게 복이 되지 않는다. 여기서 나는 단지 피조물로서 깨닫기 때문이다. 반대로, 내가 하나님의 뜻 안에서 자유로워지려고 하며 하나님의 뜻과 그분이 하신 모든 일과 하나님 자신에게서 자유로운 그 입구(틈새)에 있게 되면, 나는 모든 피조물 위에 있으면서 하나님도 아니요 피조물도 아닌 존재로서 지금뿐만 아니라 영원토록, 전에도 있었고 앞으로도 있게 될 것이다. 거기서 무언가가 나를 모든 천사 위로 끌어당긴다. 거기서 나는 아주 큰 부유함을 얻게 되며, 그 때문에 하나님이 지으신 것들이 그분이 하나님이심을 보여주고 있음에도 불구하고, 나는 하나님께 만족을 느낄 수 없게 된다. 이렇게 뚫고 들어갈 때, 하나님과 내가 하나가 되기 때문이다. 거기서 나는 다시 나였던 나가 된다. 거기서 나는 줄지도 않고 늘어나지도 않는다. 왜냐하면 나는 거기서 모든 것을 움직이게 만들면서도 나 자신은 전혀 움직이지 않는 원질(原質, Urwesen)이기 때문이다.

여기서 하나님은 더 이상 사람 안에서 어떤 장소를 찾지 않으신다. 하지만 사람은 자신의 가난으로 말미암아 과거에도 영원히 있었고 미래에도 영원히 있게 될 자신의 모습에 다다르게 된다. 이때 하나님은 영 안에서 하나가 되는데, 그것이 바로 사람이 발견할 수 있는 가장 직접적인 가난이다.

이 설교를 이해 못하더라도, 그것 때문에 괴로워할 것 없다. 이런 가난에 이르도록 장성한 사람만이 이 설교를 이해할 것이기 때문이다. 그런 이해는 사변에서 나오지 않고 하나님의 마음에서 직접 유래한 지혜이기 때문이다.

하나님, 우리가 그렇게 살 수 있도록, 그리고 우리가 이 진리를 영원히 지각할 수 있도록 우리를 도와주소서. 아멘.

참된 부에 관하여

하나님과 사람들의 사랑을 받은(집회서 45:1)

"그는 하나님과 사람들에게 사랑을 받게 됐다." 우리가 지금 기억하는 그는 복받은 사람이요, 하나님 안에서 복을 받아 밝게 빛나는 성도 가운데 있는 사람이다. 오늘날 사람들은 내 사랑하는 스승 성 프란치스코를 이런 사람으로 읽고 있다. 나아가 그는 두 가지 때문에 칭송을 듣는다. 이 두 가지를 갖고 있는 사람은 위대하다.

그 하나는 참된 가난이다. 옛날 프란치스코는 자기 친구와 길을 가다가 한 가난한 사람을 만났다. 그때 그는 자신의

동행자에게 이렇게 말했다. "이 사람이 우리보다 가난하다
니, 그가 우리를 부끄럽게 만들었군."

　나는 너희에게 진정 가난을 사랑하는 사람은 그 가난을
정말 필요로 하는 사람이기 때문에 어느 누구도 자신보다 적
게 가짐을 허락하지 않는다고 종종 말했다. 그러기에 그 사
람은 늘 모든 일에서 순수함이나 의로움 또는 어떤 덕이 정
말 중요하다고 여긴다. 그뿐 아니라, 그는 매사에 늘 지극히
높은(고결한) 상태에 이르려 하기 때문에 어떤 사람이 자신보
다 위에 있음을 견디지 못한다.

　이 성인(프란치스코)도 가난을 너무나 사랑했다. 그 때문에,
그는 어떤 사람이 자신보다 가난한 모습을 보면 견딜 수가
없었다. 어떤 사람의 심령이 가난해질수록, 다시 말해 그가
모든 것을 초탈할수록, 그 모든 것이 그에겐 아무것도 아닌
것이 되어버린다. 하지만 그의 심령이 가난해질수록 모든 것
이 그에게 더욱더 복종케 된다.

　사람을 위대하게 만드는 또 하나의 덕은 참된 겸손이다.
이 성인은 겸손을 완전하게 갖고 있었다. 게다가 그는 사람
에게 모든 완전함을 얻을 수 있는 가능성을 부여해 주는 몰
아(沒我, Selbstlosigkeit)와 멸아(滅我, Selbstvernichtung)에 이른 사람
이었다.

"그는 하나님과 사람들에게 사랑을 받게 됐다." 나는 너희에게 좋은 소식을 하나 알려주고 싶다. 그 소식을 깨닫는 사람은 참된 위로를 얻을 것이다. 하나님을 사랑하는 사람은 모든 성도와 모든 천사에게 사랑을 받게 된다. 사람이 고안해낼 수 있는 그 어떤 사랑도 하나님과 하나 된 이 사랑과 견줄 수 없으며, 이 사랑에 맞설 수 있는 것은 아무것도 없다.

너희는 악한 사람도 자신의 의지를 다른 사람에게 관철시키는 경우에는 아주 행복할 수 있지 않겠느냐고 말할지 모르겠다. 솔로몬은 이렇게 말한다. "악한 자들은 '내가 악을 행한다 할지라도 내가 고통을 당하거나 내게 어떤 일도 일어나지 아니할 것인즉, 내게 해를 끼칠 것이 무엇이란 말인가?'라고 말하지 말지어다." 그러나 너희가 악을 행하는 그것이 너희에게 해를 끼칠 것이며, 너희에게 고통을 안겨줄 것이다. 영원한 진리에 비추어 너희가 확실히 믿기를 바라는 사실이 있다. 설령 하나님이 죄인에게 너무나 진노하셔서 그에게 이 세상의 모든 괴로움을 더하신다 할지라도, 하나님은 그 죄인이 죄를 지음으로써 이미 두들겨 맞은 것보다 더 많이 때리실 리는 없다는 사실이다.

이제 너희는 이런 질문을 할지도 모른다. "어떻게 하면 내가 하나님을 통해 온 세상을 경멸하는 경지에 이르게 됩니까?" 다윗 왕은 이렇게 말한다. "딸이여, 네 백성과 네 아버지의 집을 잊어버릴지어다. 그리하면 왕이 네 아름다움을 사모하실지니라."[1] 다윗은 마치 "왕이 하나님과 하나 된 큰 사랑으로 말미암아 네게 사로잡히게 되리라"라고 말하는 것 같다.

내게 다른 사람보다 내 아버지가 사랑스러운 이유는 무엇인가? 그분이 내 아버지이시며 내 소유이시기 때문이다. 그러나 나는 모든 것에서 내 소유를 잊어버려야 하며, 모든 것에서 나를 해방시켜야 한다. 이야말로 그(온 세상을 하찮게 여기는 경지에 이르는) 길일지도 모른다. 너희가 너희 소유를 잊어버리면, 너희는 참된 덕을 얻기 때문이다. 이 덕은 사람을 잠시 있다 사라지는 모든 것에서 자유롭게 만들어주는 동시에 그 사람에게서 모든 것을 빼앗아간다. 그러나 이 참된 덕은 사람에게서 잠시 있다 사라지는 모든 것을 앗아갈 뿐 아니라, 그 모든 것이 아예 존재하지도 않는 것처럼 그것들을 철저히 잊어버리게 만든다. 그것이 참된 덕의 속성이기 때문이다. 우리가 여기에 이르면, 왕도 우리의 아름다움을 사모하게 될 것이다.

그렇다면 하나님은 언제 우리 소유가 되시는가? 너희가

---

1.   시편 45:10-11.

다른 어떤 것도 더 이상 욕심내지 않을 때가 바로 그때다. 너희가 한 사람을 다른 한 사람보다 사랑한다고 할 때, 그가 지닌 여러 덕을 사랑하는 것이 아니라면, 너희는 여전히 너희 자신으로 머물러 있으며 하나님은 너희의 하나님이 아니다. 진심으로 하나님을 사랑하는 사람은 이와 같이 모든 사람을 자기 자신처럼 사랑한다.

다른 사람보다 내 형제 또는 나 자신에게 좋은 일이 일어났을 때, 내 마음이 더 흡족한 이유는 무엇인가? 그 이유는 내가 내게 속한 것을 다른 것보다 사랑하기 때문이다. 하지만 마음과 뜻을 다하여 이웃을 사랑하라는 하나님의 계명대로 내가 나와 같은 사람을 나 자신처럼 사랑한다면, 그의 기쁨은 곧 나의 기쁨이며 그의 사랑 역시 나의 사랑이 된다. 그러나 육에 속한 것 속에서는 그런 일이 일어날 수 없다. 영에 속한 것과 육에 속한 것은 구별되기 때문이다. 그렇다. 영에 속한 것과 육에 속한 것에서 동시에 일어날 수 있는 일은 아무것도 없다.

비유를 하나 들어보자. 한 그릇에 담겨 있는 물은 나무 그릇 안에 들어 있는 것이 아니다. 나무는 단지 물을 감싸고 있을 뿐이다. 또 다른 그릇 안에는 물이 전혀 없다면, 그 그릇 안에 들어 있는 물은 다른 모든 물과 구별된다. 하지만 영에 속한 것들 안에서는 하나가 다른 하나와 구별되는 일이 전혀 일어나지 않는다. 최고의 천사가 자신 안에 갖고 있는 모든 것을 그보다 아래에 있는 천사도 자신 안에 갖고 있다. 최고의 천사가 갖지 못한 본질과 복락이라면 가장 낮은 천사 안에도 존재하지 않을 것이다. 이처럼 영에 속한 것들 안에서는 하나에게 주어진 그것을 다른 하나도 함께 갖고 있다. 그렇기 때문에, 그 사물이 거의 없는 채로 지낼 수 있는 자는 그 사물을 가장 많이 버릴 수 있는 사람이요 가장 많이 사랑할 수 있는 사람이다. 그러나 사람들이 자기 자신을 내버리지 않으며 자신들의 것을 내버리지 않는다면, 그들은 아무것도 버리지 않은 것이다. 내가 말하려는 베드로의 경우가 그와 같다. 베드로는 이렇게 말했다. "주여, 보소서. 우리가 모든 것을 버리고 주를 따랐사온대 그런즉 우리가 무엇을 얻으리이까?"[2] 하지만 자신에게 주어질 것을 기대하는 사람이라면, 과연 그가 모든 것을 다 버렸다고 할 수 있을까?

이제 한마디만 더할까 한다. 어떤 것이든 공유하는 이가 많으면 많을수록, 그것은 더 고귀하고 더 가치 있는 것이 된다. 나는 지금 여기에 살아 있는 모든 것과 생명을 함께 나눈다. 마찬가지로 온갖 동물과 생각을 함께 나눈다. 그러나 나

---

2.   마태복음 19:27.

는 내 생명보다 내 생각을 먼저 취한다. 하지만 내가 가장 사랑하는 것은 실재(實在)하는 존재다. 그것은 가장 보편적이며 가장 내면 지향적이다. 나는 이 존재에 앞선 모든 것을 내버린다. 생명은 신이신 하나님의 본질에서 흘러나온다. 그러기에 나는 생명을 가장 좋은 것으로 생각하며, 모든 피조물도 그 생명을 가장 사랑한다. 우리 존재를 공유하는 이가 많으면 많을수록, 그 존재는 더 훌륭하고 더 고귀한 것이 된다.

우리가 이런 상태에 이르러 하나님이 우리를 흡족히 여기시게 되며 참된 가난 속에서 세상을 마주하고 우리 아버지 집을 잊어버리며 우리 이웃을 우리 자신처럼 사랑하면, 우리도 빛나는 광채 가운데 있는 성도들과 함께 있게 될 것이다. 하나님, 그 일이 이루어지도록 우리를 도와주소서. 아멘.

말로 표현할 수 없는 것들에 관하여

몸은 죽여도 영혼은 능히 죽이지 못하는 자들을 두려워하지 말라(마태복음 10:28).

너희의 육신을 죽이려고 하는 이들을 두려워하지 말라. 그들은 영혼을 죽일 수 없기 때문이다. 영은 영을 죽이지 않고 도리어 영에 생명을 준다. 너희를 죽이고자 하는 것들은 혈(血)과 육(肉)인즉, 이 혈과 육은 서로 죽이느니라.

사람의 혈이 선한 의지에 속해 있으면 그 혈은 인간에게 가장 고귀한 것이다. 그러나 그 혈을 악한 의지가 소유하면,

그 혈은 인간에게 가장 사악한 것이다. 혈이 육을 이기면, 그 사람은 겸손하고 인내하며 정결하여 모든 덕을 갖게 된다. 그러나 육이 혈을 이기면, 그 사람은 교만하고 성을 잘 내며 불결하여 온갖 악덕을 갖게 된다.

너희가 주목할 것이 있다. 하나님이 천지와 모든 피조물을 창조하셨을 때, 하나님은 아무 일도 하지 않으셨다. 그분은 하실 일을 전혀 갖고 계시지 않았으며, 그분 안에는 어떤 일도 존재하지 않았다. 그때, 하나님은 이렇게 말씀하셨다. "우리와 닮은 것을 하나 만들자. 만드는 일은 사람이 자기가 원하는 때 원하는 방식으로 할 수 있는 쉬운 일이다. 그러나 내가 지금 만드는 것은 내가 나 자신에게서 그리고 나 자신 안에서 만드는 것이며 철저하게 내 모습을 찍어낸 것이다."

이렇게 하나님은 사람을 만드시면서 (사람의) 영혼 안에 그분과 똑같은 작품이 존재하도록 하셨다. 하나님과 똑같은 형상, 하나님이 만들어내시며 영원히 존재하는 하나님의 작품, 그것이 영혼이다. 영혼은 하나님의 작품이다. 하나님의 본성, 그분의 본질과 그분의 신성은 하나님이 영혼 안에서 일하셔야 한다는 사실에 달려 있다. 하나님은 복되시고 복되시다! 하나님이 영혼 안에서 일하시므로, 그분은 자신의 작품인 영혼을 사랑하신다. 나 자신 안에도 하나님의 사랑과 그분의 본성, 그분의 본질과 그분의 신성이 있다. 영혼을 사랑하시는 그 사랑으로 하나님은 모든 피조물 역시 사랑하신다. 그 피조물들을 피조물이 아니라 하나님으로서 사랑하신다. 하나님이 일하시며 사랑하시는 그 사랑 속에 만물이 존재하며, 온 세상이 그 사랑 속에서 사랑을 받고 있다.

하나님은 만물 속에 있는 그분 자신을 즐기신다. 그분이 지으신 태양은 그 밝은 광채를 만물 위에 비추고, 태양 자신의 모습이 드러난 만물을 자기 안으로 끌어들인다. 그때에도 만물을 밝게 비추는 자신의 힘은 잃지 않는다. 만물은 태양에서 유래한 생명과 존재를 가진다. 이와 마찬가지로 나의 이성도 만물이 내 안에서 이성적인 존재가 되도록 그것을 내 이성 안으로 끌어들인다. 그런 다음, 나는 만물을 재차 하나님께 가지고 간다. 이성이 하는 일을 주목해야 할 이유가 여기에 있다! 나는 영원한 진리에 의지하여 그리고 내 충심을 다하여 그분이 이성이 하는 일에 주목할 것을 부탁한다.

나는 지금까지 전혀 말하지 않았던 것을 이야기하려 한다. 겉 사람과 속사람은, 마치 하늘과 땅이 서로 먼 것만큼, 서로 구별된다는 것이 내 주장이다. 내가 들의 백합을 관찰해 보면, 그 꽃의 표면과 색깔과 꽃잎들은 보게 되지만, 그 꽃의 향기는 보지 못한다. 왜 그런가? 그 향기는 내 안에 있기 때문이다. 내게 말을 거는 것처럼 보이는 그것은 내 안에 있으며, 나는 그것을 내 속에서 *끄집어내* 이야기한다. 마찬가지로 내 곁 사람은 모든 피조물을 포도주와 빵과 고기와 같은 피조물로서 음미한다. 그러나 내 속사람의 미각을 끌어당기는 피조물은 그와 같은 피조물이 아니라, 다만 그것에게 하나님이 자신을 양도해 주신 피조물뿐이다.

나는 물이 든 양푼 하나를 취하여 그 속에 거울을 하나 넣어두고 그 양푼을 둥근 태양 아래 놓아둔다. 그러면 태양은 자신의 빛나는 광채를 그 양푼 바닥에 있는 거울로부터 비추지만, 그래도 태양 자체는 없어지지 않는다. 태양이 비칠 때 거울이 반사하는 것은 태양에서 나오며, 그것은 곧 태양이다. 그러나 거울 그 자체는 그대로 존재한다. 하나님도 이와 같다. 하나님이 그분의 본성, 그분의 본질 그리고 그분의 신성을 통해 내 영혼 안에 계시지만, 그렇다 하여 하나님이 곧 영혼이지는 않다. 그러나 내 영혼은 하나님을 반사하는데, 그럴지라도 내 영혼은 (하나님이 아니라) 내 영혼으로서 존속한다. 모든 피조물이 "하나님을" 부를 때, 하나님은 하나님이 "되신다." 그때에 하나님이 되신다. 내가 아직 하나님이라는 기초에, 하나님이라는 밑바닥에 그리고 하나님이라는 그 근원에 머물러 있을 때는, 내가 어디로 가려하며 내가 무엇을 하고 있는지 묻는 이가 아무도 없었다. 내가 그 근원(곧, 하나님)에서 흘러나왔을 때, 비로소 모든 피조물이 "하나님을" 이야기했다. 사람들은 내게 대체로 이렇게 물었다. "에크하르트 형제여, 당신은 언제 그 집에서 나오셨습니까?" 그 질문은 분명 내가 전에는 그 집 안에 있었음을 증명해 준다. 모든 피조물이 하나님에 관하여 바로 그렇게 이야기하고 있다. 내가 지금 하나님께 다시 돌아간다면, 나는 더 이상 하나님의 형상을 만들어 내지 않게 될 것이다. 그때는 내가 하나님 안에 있기 때문이다. 그러기에 내가 하나님 안으로 뚫고 들어간다는 것 그리고 그 뚫고 들어가는 입구가 근원이신 하나님에게서 내가 흘러나오는 것보다 더 훌륭하고 고귀하다. 나는 다만 모든 피조물이 내 안에서 "하나"가 될 수 있도록 그 피조물들을 그들의 이성(즉, 무언가를 이해할 수 있는 상태)에서 나의 이성(무언가를 이해하는 상태)으로 데려온다. 내가 다시 하나님이라는 기초, 하나님이라는 밑바닥 그리고 하나님이라는 원천(源泉) 안으로 들어가면, 내가 어디서 왔으며 내가 어디에 있었는지 묻는 사람은 아무도 없을 것이다. 그때가 되면, 아무도 나를 그리워하지 않을 것이며 이 모든 것이 끝나게 될 것이다.

　　나는 이 설교를 이해한 사람에게 그런 일이 이루어지길

기꺼이 기도한다. 만일 여기에 아무도 없었다면, 나는 이 헌금함을 상대로 설교를 해야 했을 것이다. 다시 본향으로 돌아오면 그때 "나는 내 양식을 평안히 먹고, 그밖에는 하나님을 섬길 것"이라고 이야기하는 사람이 일부 있을지도 모르겠다. 그러나 나는 진리 안에서 이렇게 이야기한다. "이런 사람들은 틀림없이 바른 길에서 벗어날 뿐 아니라, 저 사람들, 곧 가난하게 살며 세상의 것을 멀리함으로써 하나님을 철저하게 뒤따라가는 사람들이 도달하는 그것을 결코 얻지 못할 것이며 결코 거기에 이르지 못할 것이다." 아멘.

죽음에 관하여

(어떤 이들은) 칼로 죽임을 당했다(히브리서 11:37).

사람들은 칼로 죽임을 당하여 지금은 죽은 상태에 있는 순교자들의 이야기를 읽는다. 우리 주님은 제자들에게 이렇게 말씀하셨다. "너희가 내 이름으로 말미암아 핍박을 받을 때는 너희에게 복이 있도다."[1]

여기서 우리는 세 가지를 이야기해야 한다. 첫째, 이 순교자들이 지금은 죽은 상태에 있다는 점이다. 이 세상에서 사람들에게 고통을 안겨주었던 그것이 지금은 끝났다. 둘째,

---

1.   마태복음 5:11, 누가복음 6:22 등.

우리는 이 모든 생명이 죽을 수밖에 없음을 유념해야 한다. 그러기 때문에 우리는 우리에게 주어진 모든 고뇌, 모든 신고(辛苦)를 두려워할 필요가 없다. 그것에도 끝이 있기 때문이다. 셋째, 사랑과 고통을 포함하여 그 어떤 것도 더 이상 우리를 슬프게 할 수 없도록, 우리는 마치 죽은 것처럼 살아야만 한다.

어떤 선생은 "그 어떤 것도 하늘을 감동시킬 수 없다"고 말한다. 이는 곧, 하늘에 속한 사람에겐 그 어떤 것도 감동을 안겨줄 수 없을 만큼 만물이 하찮다는 뜻이다. 하지만 다른 선생은 이렇게 이야기한다. "모든 피조물이 그렇게 하찮다면, 사람이 그 피조물 때문에 그토록 쉽게 하나님을 저버리는 일은 대체 어디에서 비롯됐단 말인가? 가장 하찮은 영혼이라도 하늘이나 모든 피조물보다 낫다." 이 말에 한 선생은 이렇게 대답한다. "그것은 사람이 마땅히 하나님을 존중해야 할 만큼 존중하지 않기 때문이다. 그가 하나님을 존중해야 할 만큼 하나님을 존중한다면 거듭하여 하나님을 배반하는 일은 일어날 수 없을 것이다." 그런 점에서 사람이 이 세상에서는 마치 죽은 자처럼 살아야만 한다는 것이야말로 우리에게는 좋은 가르침이다.

하나 더, 네 번째 가르침이 우리에게 주어져 있다. 이 네 번째 가르침이 가장 좋다. 순교자들은 죽었다는 것이 네 번째 가르침이다. 죽음은 그 순교자들에게 어떤 본질을 준다. 어떤 선생은 이렇게 말한다. "자연은 아무것도 파괴하지 않는다. 반대로 자연은 더 좋은 것을 준다." 자연이 그런 일을 한다면, 하나님은 얼마나 많이 그런 일을 행하시겠는가? 하나님은 더 나은 것을 주시지 않는 이상, 아무것도 멸하시지 않는다. 순교자들은 죽었다. 그들은 육신의(자연적) 생명을 잃었지만, 그 보상으로 그 본질을 얻었다. "본질"만큼 하나님께 가까운 것은 없다고 어떤 선생은 말한다. 어떤 이가 본질적인 것(Wesentlichkeit)을 많이 가지면 가질수록, 그는 하나님과 더 많이 비슷해진다. 왜냐하면 하나님의 현재 모습 전체가 바로 본질이기 때문이다. 하나님은 오직 일하는 것(Wirken)을 아실 뿐이다. 그분은 오직 본질적인 것만을 아신다. 하나님이 사랑하시는 것은 오로지 그분의 본질이다. 그분은 다만 자신의 일만 생각하신다. 무언가 흠결이 있는 것은 본질에서 이탈한 것이다. 우리 사람은 오로지 본질적이어야 하는데, 실은 그렇지 못하다. 우리 삶이 본질적일 때에, 비로소 그 삶은 하나님 안에 있다. 한 영혼이 본질적인 것의 지극히 작은 부분이라도 통찰한다면, 그 영혼은 단 한순간이라도 그 본질에게 등을 돌리는 일은 더 이상 하지 않으리라고 나는 확신

한다. 마치 어떤 사람이 한 꽃을 보고 그 꽃이 하나님 안에서 어떻게 자신의 본질을 갖고 있는지 통찰하게 되는 경우처럼, 지극히 작은 부분이라도 사람이 그것을 하나님 안에서 통찰한다면, 그 부분은 그것을 제외한 나머지 세계 전체보다 고귀할 수 있기 때문이다. 하나님의 본질에서 나온 지극히 작은 것을 통찰하는 것은 천사를 통찰하는 것보다 낫다. 우리는 하나님 안에서 죽음을 찬미한다. 그 죽음이 우리를 이생의 삶보다 좋은 본질 속으로 가라앉혀 주기를 바라기 때문이다. 우리 삶은 본질 속에서 살아가며, 그 본질 속에서 우리 삶은 본질이 된다. 사람은 스스로 죽음에게 복종해야 하며, 죽어야만 한다. 그러면 그 죽음이 그에게 더 나은 삶(생명)이 된다. 그 삶은 필시 능력 있는 삶이며, 그 삶 안에서는 죽음조차도 삶이 된다. 하나님에게 있어서는 그 어떤 것도 죽음이란 없기에, 만물은 하나님 안에서 늘 살아 있게 된다.

성경은 순교자들을 일컬어 죽었다고 말씀하나, 그들은 영원한 생명 속에 침잠해 있다. 사랑이나 고통이 우리와 상관없는 것이 되려면, 우리는 완전히 죽어야 한다. 우리가 늘 본질의 한가운데에 머무르지 못하도록 우리를 방해하는 것이 있다. 한 선생은 그 방해꾼의 실체를 증명하면서, 그 방해꾼이 시간이 우리를 쥐고 있다는 사실에서 나온다고 말한다.

시간이 쥐고 있는 것은 시간이 지나면 사라지고 죽음을 맞는다. 하지만 하늘의 운행은 영원하다. 하늘은 시간이란 것을 전혀 모른다. 영혼의 순수함은 생명이 산산이 나누어짐으로써 정결하게 된 영혼이 하나가 된 생명 안으로 들어가느냐에 달려 있다. 영혼이 이성의 빛 안으로 들어가면, 영혼은 더 이상 어떤 모순도 알지 못한다. 이 이성의 빛에서 떨어져 나가는 것은 죽음의 소유물이 되어 죽게 된다.

하나님, 간구하오니, 우리가 산산이 나누어진 생명에서 하나가 된 생명으로 옮겨가도록 우리를 도와주소서. 아멘.

나와 아버지는 하나다

은혜를 받은 자여, 평안할지어다. 주께서 너와 함께하시도
다(누가복음 1:28).

… 한 여인이 그리스도께 말했다. "당신을 밴 태가 복이
있나이다." 그러자 그리스도는 이렇게 말씀하셨다. "나를 밴
태가 복이 있는 것이 아니라, 오히려 하나님의 말씀을 듣고
지키는 자가 복이 있느니라."[1]

하나님께는 그리스도가 마리아에게서 육적으로 태어나
셨다는 사실보다 그 처녀, 곧 선한 영혼에게서 영적으로 태

---

1.   누가복음 11:27-28.

어나셨다는 것이 중요하다.

여기서 각 사람은 아버지가 영원 가운데 낳으신, 한 분이신 하나님의 아들이라는 사실을 이해해야만 한다. 아버지는 모든 피조물을 지으실 때 나를 낳으셨다. 나는 모든 피조물과 더불어 아버지에게서 나왔지만, 지금도 아버지 안에 머물고 있다. 이와 똑같은 방식으로 내가 지금 하는 말이 내게서 나온다. 일단 그 말이 내게서 나오면, 그다음에 나는 완전한 구현체에 머무른다. 그런 다음, 세 번째로 나는 그 말씀을 말하고 모든 피조물은 그 말씀을 모두 받아들인다. 그런데도 그 말씀은 내 안에 머문다. 이처럼 나도 아버지 안에 머물게 된다. 아버지 안에는 모든 피조물의 형상이 들어 있다. 일찍이 하나님이 사람에게 보여주신 최고선은 바로 이것, 즉 그분이 사람이 되셨다는 것이다.

나는 여기서 적절하다 싶은 이야기 하나를 말하지 않을 수 없다. 예전에 한 부유한 남편과 한 부유한 부인이 있었다. 그런데 그 부인에게 불행이 닥쳤다. 한 눈을 잃어버린 것이다. 그 때문에 그 부인은 매우 슬퍼했다. 그때 남편이 다가와서 이렇게 말했다. "부인이여, 그대는 어찌하여 그토록 슬퍼하고 있소? 한 눈을 잃어버렸더라도 상심하지 말아야 하거늘." 그러자 여인이 말했다. "저는 제 눈 하나를 잃어버렸다

하여 슬퍼하는 게 아닙니다. 당신이 저를 이전보다 덜 사랑
하실 것 같아 슬퍼하는 것입니다." 그때 남편이 대답했다.
"부인이여, 나는 당신을 사랑하오." 얼마 지나지 않아 남편은
자신의 한쪽 눈을 빼어버린 다음, 그 여인에게 와서 이렇게
말했다. "부인이여, 나도 당신과 같이 되어 이제는 한 눈밖에
갖고 있지 않으니, 내가 당신을 사랑한다는 말을 믿으시오."

　　사람이란 게 이렇다. 하나님이 끝내 자신의 눈 한 쪽을
빼내심으로써 사람과 같은 성질을 취하시기 전에는 하나님
이 자신을 너무나 사랑하신다는 것을 믿지 못하는 게 사람이
다.

　　마리아는 이렇게 말했다. "(나는 남자를 알지 못하니) 어찌 이
일이 있으리이까?"[2] 그때 천사가 이렇게 대답했다. "성령이
위에서, 곧 영원한 빛의 아버지에게서 네게 임하시리라."[3] 태
초에 한 아기가 우리에게 났고 한 아들을 우리에게 주셨으
니,[4] 그 아기는 미천한 사람의 본성을 지녔으며 그 아들은 영
원한 신성을 따라 태어났다. 어떤 선생은 이렇게 말한다. "하
나님은 그분이 지닌 최고의 완전함을 따라 영혼을 창조하셨

2.　누가복음 1:34.
3.　누가복음 1:35.
4.　이사야 9:6.

으며, 그분의 밝음(투명함)과 순수함을 그 영혼 속에 부으셨다."

유념하라! 하나님이 만물을 지으실 때, 그들의 형상을 담은 어떤 것을 미리 만드시지 않았을까? 그 어떤 것은 바로 불꽃이다. 그 불꽃은 하나님과 너무나 가까운 것이어서, 하나님과 분리되지 아니한 채 하나님과 하나가 된 유일한 것이요 모든 피조물의 형상을 형상 없이 모든 형상을 초월하여 자신 안에 담고 있는 것이다.

여기서 나는 영원하신 아버지의 은밀한 통찰 속에 머물렀다. 아무 말 없이 그 안에 거했다. 하나님은, 내가 아버지가 되어 나를 낳으신 그분을 낳을 수 있도록, 이 순수함 가운데서 나를 영원한 아버지이신 그분의 형상을 따라 그분의 특유한 아들로 낳으셨다.

나는 몇 년 전에 이런 생각을 한 적이 있다. "각각의 풀거미(Grasspinne)가 서로 같지 않은 이유가 뭐냐고 누가 내게 묻는다면(실제로 나는 그런 질문을 받은 적이 있다), 나는 '모든 풀거미가 똑같다면 그것이 더 이상한 일이 아니겠는가?'라고 대답할 것이다." 어떤 선생은 이렇게 말했다. "모든 풀거미가 서로 너무나 다른 것은 하나님의 자비하심이 엄청나게 풍성하기 때문이다. 하나님은 그분의 영광이 한층 더 드러나도록 그분의 자비하심을 모든 피조물 위에 넘치도록 쏟아부어 주신다." 그때 나는 이렇게 말했다. "모든 풀거미가 그토록 흡사한 것은 더욱더 경이로운 일이다. 모든 천사가 순수한 첫 번째 근원 속에서 완전히 하나(all-eins)이듯이, 모든 풀거미도 근원의 순수함 속에서는 완전히 하나다. (순수한 최초의 근원 속에서는) 만물이 그처럼 완전한 하나다."

내가 여기로 와야만 했을 때, 길에서 고심하고 있었다. 만일 내가 여기로 오려 하지 않았다면, 지금쯤 하나님과 하나 된 사랑에 젖어 있었을 것을. 사람은 하나님을 두려워할 필요가 없다. 해로운 두려움도 있다. 하나님을 잃어버릴까 봐 두려워하는 것만이 올바른 두려움이다. 사람은 하나님을 사랑해야 한다. 왜냐하면 하나님은 자신이 지닌 지고의 완전함으로 사람을 사랑하시기 때문이다. (아까 언급한) 그 선생은 이렇게 말한다. "만물은 하나님을 닮아가면서 (무언가를) 낳으려고 노력한다. 그러기에 땅은, 위로 도망치든 아래로 도망치든, 하늘로부터 도망칠 수 없다. 하늘은 땅속으로 흘러들어가 자신의 힘을 그 안으로 밀어 넣어 그 땅이 열매를 맺도록 만든다. 그것을 땅이 좋아하든 싫어하든 상관치 않는다."

하나님도 사람에게 그처럼 행하신다. 하나님에게서 도망치려는 망상(妄想)을 지닌 사람은 하나님의 품 안에서 뛰어다

닐 뿐이다. 하나님께는 드러나지 않는 구석이 하나도 없기 때문이다. 하나님은 너희 안에서 자신의 아들을 낳으신다. 너희가 그것을 좋아하든 싫어하든 상관치 않는다. 너희가 잠을 자든지 아니면 깨어 있든지, 하나님은 자신의 일을 하신다. 중요한 것은, 사람이 그런 사실을 지각하지 못한다는 점이요, 사람의 혀가 피조물의 오물(汚物)로 뒤덮여 있다는 점이며, 그 사람이라는 존재가 하나님의 사랑이라는 소금을 갖고 있지 않다는 점이다. 만일 우리가 하나님의 사랑을 우리 안에 갖고 있다면, 우리는 하나님 그리고 그분이 일찍이 행하셨던 일들을 감미롭게 여기게 될 것이다. 아울러 하나님이 지으신 만물을 지각하고 일찍이 그분이 행하셨던 이 일들을 모두 행하게 될 것이다. 이렇게 우리가 하나님과 일치하게 되면, 우리는 모두 한 분이신 하나님의 아들이 된다.

하나님께서 자신이 지닌 지고의 완전함을 따라 영혼을 창조하심은 그 영혼 속에서 자신의 특유한 아들이 태어나도록 하는 데 그 목적이 있었다. 그 때문에 하나님은 영원한 아버지시라는 자신의 은밀한 보고(寶庫)에서 밖으로 나오려고 하셨다. 그 아들(예수 그리스도)도 자신의 영원한 영광이라는 장막을 쳐서 무너뜨리고 지극히 높은 곳에서 밖으로 나오셨다. 그 아들이 이렇게 하심은 아버지가 아들인 자신과 영원한 혼약(婚約)을 맺어주신 벗들을 데려와 그 벗들이 원래 있었던 지극히 높은 곳으로 다시 데려가시기 위함이었다. 그 때문에 그는 지극히 높은 곳에서 나와 철없는 젊은이처럼 이 곳으로 뛰어들어 (하나님과 하나 된) 사랑으로 고통을 감내하신 것이다. 그러나 그 아들이 밖으로 나오시지 않았다면, 그분이 고요한 어둠 가운데 숨어 계신 아버지 안으로 다시 돌아가시고 싶어 하는 일은 없었으리라. 도리어 그 아들은 지극히 높은 곳에서 밖으로 나오셨기 때문에, 자신의 신부와 더불어 (그곳으로) 돌아가려 하셨다. 아울러 자신이 하나님이시라는 감춰진 비밀을 그 신부들에게 계시하심으로써, 그 비밀 속에서 아버지 그리고 모든 피조물과 더불어 쉼을 누리고자 하셨다.

"태초에"라는 말은 "모든 존재의 시초에"(am Anfang alles Wesens)라는 뜻이다. 모든 존재에는 어떤 목적이 존재한다. 왜냐하면 첫 시작(der erste Beginn)은 다만 최종 목적(das letzte Ende)이 품은 뜻으로 말미암아 존재하기 때문이다. 그렇다. 하나님 그분은 자신이 첫 시작인 그곳에 머무르시지 않는다. 도리어 그분은 자신이 모든 존재에게 어떤 목적지이자 안식처가 되시는 그곳에 머무르신다. 그곳에서 이 존재는 무(無)가 되지 않고, 최고의 완전함에 이르게 된다. 그렇다면 최종 목적은 무엇인가? 이 목적은 영원하신 하나님이 계신 캄캄한 어둠 속에 숨겨져 있다. 지금 이것은 알려져 있지 않다. 과거에도 알려져 있지 않았으며, 앞으로도 결코 알려지지 않을 것이다. 하나님은 그 캄캄한 어둠 속에서 자신을 드러내시지 아니한 채 머물고 계신다. 그러나 영원하신 아버지의 빛이 그 어둠 속에서 영원히 빛을 발했으되, 어둠은 그 빛을 붙잡지(깨닫지) 못했다.

우리가 그 진리에 이르도록, 우리가 이야기했던 그 진리가 우리를 도와주시길 기도하나이다. 아멘.

영혼의 성전에서 장사하는 사람들에 관하여

예수께서 성전에 들어가사 성전 안에서 매매하는 모든 사
람을 내쫓으시며(마태복음 21:12)

우리 주님은 성전에 들어가신 뒤, 거기서 사고파는 자들
을 내쫓으시고 비둘기를 파는 자에게 "이것을 가져가라!"고
말씀하셨다. 주님은 성전을 깨끗하게 만들려 하시면서, 흡사
이렇게 말씀하시는 것 같다. "나는 이 성전에 권리를 갖고 있
으며, 나만이 이 성전에서 주권(통치권)을 가질 것이다." 하나
님이 그 안에서 완전한 통치권을 갖고자 하시는 성전은 바로
사람의 영혼이라는 성전이다. 하나님은 영혼이라는 성전을

자신과 같게 창조하셨다. 그 때문에, 하나님은 아무리 사소한 것이라도 더 이상 그 성전 안에 있지 아니하고 오직 하나님만이 그 안에 계실 수 있도록 이 성전을 깨끗하게 만들려 하신다.

그런데 너희가 주목할 것이 있다. 그 성전 안에서 사고파는 자들은 누구인가? 그들은 대체 누구인가? 나는 지금 우리 주님이 내쫓으셨던 장사꾼들이 아니라 선량한 사람에 대하여 이야기하려 한다. 주님은 오늘날도 영혼이라는 이 성전 안에서 사고파는 모든 이를 내쫓으신다. 보라. 거기 있는 장사꾼들은 모두 비열한 죄악에 빠지지 않으려고 조심하며, 금식과 깨어 있음과 기도와 모든 종류의 선을 행하는 선량한 사람일지도 모른다. 하지만 그들은 다만 우리 주님이 그들의 그런 행실에 대한 보상으로 무언가를 베풀어주시거나 하나님이 무언가를 해 주실 것을 바라면서 그런 일을 하고 있을 뿐이다. 이런 사람들은 모두 장사꾼이다! 그들은 하나님과 거래하려고 하지만, 그런 거래행위 자체에 속아 넘어갈 뿐이다. 그들 스스로 자신의 소유 전부를 하나님을 위해 바친다 해도, 하나님에겐 그들에게 무언가를 주시거나 무언가를 해 주셔야 할 책임(빚)이 없기 때문이다. 설령 해 주신다 하더라도 거저 해 주실 뿐이다. 그 장사꾼들의 존재나 그들의 소유

는 모두 하나님에게서 나온 것이지 그들 자신에게서 나온 것
이 아니다. 그들이 주는 것은 그들의 소유에서 나오지 않았
으며, 그들이 행하는 그 어떤 일도 그들 자신에게서 나오지
않았다.

우리 주님과 그렇게 거래하려고 하는 그들은 지독히도
어리석은 사람들이다. 그들은 진리를 눈곱만큼도 깨닫지 못
한다. 그러기에 주님은 그들을 성전에서 쫓아내셨다. 하나님
자신이 곧 진리요 빛이시다. 하나님이 자신의 성전에 들어오
시면, 통찰하지 못함(Nichterkennen)과 어둠을 몰아내시고 빛
과 진리를 통해 자신을 드러내신다. 하지만 일단 그 진리가
통찰되면, 장사꾼들은 쫓겨난다. 진리는 그 어떤 상행위도
하려 하지 않기 때문이다. 하나님은 자신의 것을 추구하지
않으신다. 그분이 자신의 일을 하심은 올바른 사랑 때문이
다. 하나님과 하나가 된 사람도 마찬가지다. 이런 사람 역시
어떤 일을 할 때 얽매임이 없이 자유를 누린다. 그는 '무엇
때문에'를 묻지 않고 자기 것을 추구하는 마음도 없이 (하나님
과 하나 된) 사랑으로 모든 일을 행한다. 말 그대로 하나님이
그 사람 안에서 모든 일을 하시는 것이다.

더 이야기해 보자. 사람이 자기 일을 하면서 하나님이 주
실 수 있거나 주시게 될 어떤 것을 갈망한다면, 그도 장사꾼

과 똑같은 사람이다. 너희가 상행위로부터 자유를 누리고자 한다면, 너희는 오직 마치 처음부터 거기에 있지 않았던 것처럼 있어야만 한다. 너희가 진정 아무것도 욕심냄이 없이 행동한다면, 너희가 하는 일은 영적 일이요 하나님의 일이 될 것이다. 그렇게 되면, (영혼이라는) 성전은 모든 장사꾼에게서 자유를 누리게 될 것이다.

더 나아가보자. 우리 주님은 비둘기를 파는 사람들에게 "이것을 가져가라!"고 말씀하셨다. 그분은 이 사람들을 내쫓을 때 그들을 책망하시지 않고, 도리어 선하게 "이것을 가져가라"고 말씀하셨다. 우리 주님은 마치 "비둘기를 파는 것이 악한 일은 아니지만 진리를 어지럽히는 것이다"라고 말씀하시는 듯하다. 그런 사람들은 순수하게 하나님을 위해 자신의 일을 하는 선량한 이들이다. 물론 그들은 자신의 행위를 시간과 수량, 이해득실과 뒤죽박죽 섞어버리고 있다. 그 때문에 그들은 최상의 진리로 뚫고 들어가는 데 방해를 받는다. 그 결과, 그들은 그리스도처럼 이해득실을 초월하여 모든 일, 모든 형상에 방해받지 아니한 채 자유롭고 얽매임이 없는 상태에 있어야 하건만, 실제는 그렇지 못하다. 이 순간, 자유를 누리며 늘 새롭게 하나님의 선물을 받아들이고 똑같은 빛 속에서 아무런 방해도 받지 아니한 채 그 선물을 다시 낳아야 하건만, 그들은 그렇지 못하다. 만일 그들이 그런 상태에 있다면, 비둘기들은 (성전에서) 사라지고 없으리라. 그 비둘기들이야말로 선한 일의 훼방거리요 자기 소유다. 그런데도 사람은 여전히 선한 일을 한다면서 자기 것을 탐낸다.

여하튼 이 성전이 그런 식으로 모든 방해물로부터 자유를 얻으면, 하나님이 창조하신 모든 것을 초월하여 순수하게 빛을 발하게 된다. 따라서 이 성전의 빛을 받음과 동시에 자신의 빛을 이 성전에 되비추면서 이 성전과 만날 수 있는 것은 아무것도 없다. 피조물이 아닌 하나님만이 그렇게 하실 수 있을 뿐이다. 중심으로 말하거니와, 피조물이 아닌 하나님 외에는 진정 그 어떤 것도 이 성전과 같지 않다. 최고 자리에 있는 천사들도 많은 부분에 있어서 이 성전과 동일할 뿐, 모든 점이 동일하지는 않다. 그 천사들이 어떤 점에서는 고귀한 영혼과 동일하다는 말은 통찰(Erkenntnis)과 (하나님과 하나 된) 사랑(Minne)에도 똑같이 적용되는 말이다.

예수는 그 성전 안으로 들어가신 뒤, 거기서 사고파는 자들을 몰아내셨다. 보라, 이제 더 이상 성전 안에는 아무도 없다. 오직 예수만이 계실 뿐이다. 그러나 만일 누군가 다른 사람이 이 성전 안에서 말한다면, 예수는 침묵하신다. 예수는 더 이상 그런 영혼 속에 거처를 삼지 않으신다. 낯선 손님을 맞은 영혼이 그 손님과 이야기하려고 하기 때문이다. 영혼은 예수가 하시는 말씀을 듣고 싶으면 침묵해야 한다. 그렇다면, 예수는 영혼 속에서 무슨 말씀을 하실까? 그분은 자신이 무엇인지 말씀하신다. 그분은 아버지의 말씀이다. 이 말씀 속에서 아버지는 자기 자신과 신적인 모든 본성을 말씀하신다. 그렇게 예수는 자기 자신을 드러내시고, 아버지가 아들인 자신 안에서 말씀하셨던 모든 것을 계시하신다. 예수는 아버지의 영광(엄위)을 (그 영광과) 마찬가지로 측량할 수 없는 권능 안에서 드러내신다. 영이 아들을 통해 이 권능을 받아들이면, 그 영은 끊임없이 앞으로 나아가며, 그 결과, 그 영 역시 능력 있는 것이 되어 모든 덕과 완전한 순수함을 갖게 된다. 그렇게 되면, 사랑이나 고통, 하나님이 잠시 있다 사라지는 세상에 만들어 놓으신 그 어떤 것도 사람에게 혼란을 가져다 줄 수 없게 된다. 오히려 사람은 하나님의 능력이라는 권능 안에 머물면서, 그 자신이 만물 앞에서 작은 존재가 되어 아무것도 할 수 없게 된다.

그렇게 되면, 예수는 그 영혼 안에서 자신을 지혜로서 계시하신다. 이 지혜가 그 영혼과 하나가 되면, 그 영혼에서 모든 의심, 모든 착각, 모든 어둠(몽매함)이 제거되고 그 영혼은 순수하고 투명한 빛으로 바뀐다. 그 빛은 바로 하나님 자신이다. 그때에 영혼은 하나님을 통해 하나님을 통찰한다. 마찬가지로, 영혼은 이 지혜 덕택에 신과 만물을 통찰하게 된다. 바로 이 지혜로 말미암아 영혼은 자신을 낳은 근원의 힘 속에서 아버지의 영광을 통찰하며, 말 그대로 아버지와 하나이던 최초의 존재를 통찰하게 된다. 아버지와 하나일 때에는 그 어떤 구별도 존재하지 않는다.

예수는 결국 측량할 수 없이 달콤한 충만함을 통해 자신을 계시하신다. 이 충만함은 성령의 능력에서 솟구쳐 올라 그 충만함을 받아들이려는 모든 마음속으로 흘러들어간다. 예수께서 그토록 달콤한 충만함으로 자신을 계시하시면서 영혼과 하나가 되시면, 영은 은혜의 도움을 받아 온 세상으로 흘러가고, 이어서 힘차게 자신의 최초 근원으로 다시 되돌아가게 된다. 그렇게 되면, 겉 사람은 속사람에게 복종하게 되고 하나님을 섬기는 가운데 변함없는 평강을 항상 누리게 된다.

하나님, 예수께서 우리 안에도 찾아오셔서 우리 영을 방해하는 모든 것을 몰아내시도록 우리를 도우시며, 우리가 하늘나라에서나 이 땅에서나 그분과 하나가 되도록 우리를 도와주소서! 아멘.

하나님과 사람에 관하여

너는 말씀을 전파하라(디모데후서 4:2).

사람들은 나의 스승 성(聖) 도미니크(Dominicus)의 짧은 글귀 하나를 읽는다. 그 글귀는 바울도 썼던 것인데, 독일어로 이런 뜻이다. "그 말씀을 안에서 끄집어내어 밖으로 말하라. 그 말씀을 밖으로 내어 그 말씀을 낳으라."

한 사물이 안에서 밖으로 흘러나왔는데도 여전히 안에 머물러 있음은 경이로운 일이다. 하나님이 주시고 나서 그 주신 것을 하나님이 찬미하셨다는 것 역시 실로 경이로운 일이요 이해할 수 없는 일이며 믿을 수 없는 일이다. 하지만 그렇기 때문에 그것이 옳은 일이다. 이해할 수 있고 믿을 수 있는 일이라면, 그 일은 옳지 않은 것이다.

하나님은 만물 안에 계신다. 그분이 사물들 안에 계시는 경우가 많으면 많을수록, 그분이 사물들 밖에 계시는 경우도 많아진다. 나는 하나님이 이 세상을 늘 새롭게 창조하신다고 이미 자주 말했다. 그러나 하나님은 이성이시기에, 영혼 안이나 영혼의 가장 깊숙한 곳이나 영혼의 가장 높은 곳처럼, 오로지 어떤 한곳에만 계시는 분이 아니다. 시간이 결코 도달하지 않았던 곳, 그 어떤 형상도 그 안을 비춘 적이 없었던 그곳이 바로 영혼의 가장 깊숙한 곳이요 가장 높은 곳이다. 그곳에서 하나님은 그분의 세계를 창조하신다. 하나님은 지나간 모든 것과 다가올 모든 것을 영혼의 가장 깊숙한 곳에서 창조하신다. 하나님이 성도들 안에서 행하시는 모든 일은 하나님이 영혼의 가장 깊숙한 곳에서 행하시는 것이다. 영혼의 가장 깊숙한 곳에서 하나님은 자신의 아들을 낳으시고, 자신의 특유한 아들과 함께 너희를 낳으신다. 내가 (하나님의) 아들이라면, 나는 하나님과 같은 본질을 지닌 아들임에 틀림없다. 그 본질을 놓고 보면, 하나님 자신이 곧 아들이시지, 다른 이가 아니다.

요한은 이렇게 말한다. "너희는 하나님의 자녀라." 사람들은 일찍이 하나님께서 그때 거기서 사람이 되셨다고 생각한다. 그러나 그렇지 않다. 하나님은, 우리 역시 다름 아닌 자신의 특유한 아들로 낳으시고자, 여기에서도 그리고 저기에서도 사람이 되셨으며 거듭거듭 사람이 되셨다.

나는 어제 주기도문 안에 들어 있는 짧은 기도 문구를 하나 이야기했다. "당신의 뜻이 이루어지이다"가 그것이다. 이 기도는 오히려 "그분(하나님)의 뜻과 내 뜻이 한뜻이 되게 하소서"라는 기도일 게다. 그것이 주기도문의 뜻이다.

주기도문의 그 말씀에는 두 의미가 들어 있다. 첫째 의미는, 당신이 만물에게는 잠든 자같이 되어, 시간이나 피조물이나 그 어떤 형상들에 관하여 아무것도 알지 않게 되기를 기도하는 것이다. 선생들은 이렇게 말한다. "올바로 잠자는 사람이라면 백 년이라도 잠잘 것이며, 그 어떤 피조물도 모르는 사람이라면 그 어떤 시간이나 형상도 알지 못할 것이다. 그럼에도 불구하고 너희는 하나님이 사람 안에서 일하신다는 것을 알 수 있으리라. 그 때문에 영혼은 사랑의 책 속에서 '나는 잠들어 있으나 하나님은 깨어 계신다'라고 말하는 것이다. 따라서 모든 피조물이 너희 안에서 잠들어 있을지라도 하나님은 너희 안에서 일하신다는 것을 너희는 알 수 있다."

둘째로 그것은 "하나님이여, 만물 안에서 일하소서"라고 말한다. 이는 "하나님, 당신(의 성실함)을 위해 만물 안에서 창조하소서"라는 뜻이다. 하나님은 만물 안에 계시기 때문이다. 하나님은 만물을 지으셨으나, 그 자신이 만물이 되셔서 그 길을 행하기를 허락하시지 않았다. 도리어 하나님은 그 만물들 안에 계신다. 사람들은 자신들이 하나님과 사물을 함께 갖고 있으면 그 사물 없이 오직 하나님만을 갖고 있을 때보다 많은 것을 갖고 있다고 생각한다. 그러나 그것은 옳지 않다. 하나님이 그 사물과 함께 계시더라도 그것이 하나님한 분보다 많은 것이 아니기 때문이다. 이것을 믿는 사람은 그 아들(성자 하나님이신 예수 그리스도)을 갖고 있으면서 동시에 그 아들과 그 아버지(성부 하나님)를 함께 갖고 있는 것이다. 혹시라도 아버지 없이 아들만을 가질 경우 더 많은 것을 갖게 되리라고 믿는다면, 잘못 생각한 것이다. 아들과 함께하신 아버지가 아들 한 분보다 많지 않을 뿐더러, 아버지와 함께하신 아들이 아버지 한 분보다 많지 않기 때문이다. 따라서 너희가 만물 안에 계신 하나님을 붙잡는다면, 그것은 곧 하나님이 너희를 다름 아닌 자신의 특유한 아들로서 낳으셨음을 보여주는 표징이 될 것이다.

주기도문의 그 말씀에 들어 있는 또 다른 의미는 "하나님, 당신(의 성실함)을 위하여 만물 안에서 창조하소서"이다. 이 말은 곧 "그 어떤 것보다도 하나님을 사랑하며 네 이웃을 네 자신처럼 사랑하라"는 뜻이다. 다른 사람이 100마르크를 가짐보다 너희가 100마르크를 가짐을 사랑하는 것은 옳지 않다. 또 너희가 너희 아버지와 너희 어머니와 너희 자신을 다른 사람보다 사랑함은 옳지 않다. 나아가 너희가 너희 안에 있는 복락을 다른 사람 안에 있는 복락보다 사랑함도 옳지 않다.

"하나님, 말도 안 됩니다! 내 안에 있는 복락을 다른 사람 안에 있는 복락보다 사랑하지 말라니, 대체 무슨 말씀을 하시는 겁니까?"

이처럼 그 말을 이해하지 못한 채 그것을 아주 무겁다고 생각하는 학자들이 많다. 그러나 그것은 무겁지 않다. 오히려 너무나 가볍다. 그것이 진정 무겁지 않다는 것을 내가 너희에게 증명해 보이겠다. 보라! 사람의 각 지체가 해야 할 일과 관련하여 자연(피조물)에겐 두 의도가 부여됐다.

첫째 의도는 이러하다. 즉, "각 지체는 자신의 행위와 관련하여 몸 전체에 복종해야 하고 뒤이어 다른 지체를 자기 자신처럼 섬겨야 한다. 한 지체는 자기 일을 할 때 자기를 다른 지체보다 높이 여겨서는 안 된다. 오히려 각 지체는 동일한 은혜 안에서 자신을 알고 피차 섬겨야 한다.”

또 하나의 의도는 이러하다. 즉, “너희의 사랑은 오직 하나님만을 향해야 한다. 그러나 너희는 곧이어 너희의 이웃을 자신처럼 사랑해야 한다. 결코 너희 자신보다 적게 사랑해서는 안 된다. 너희가 베드로와 바울 안에 있는 복락을 너희 자신 안에 있는 복락처럼 사랑한다면, 너희는 그들이 가진 것과 동일한 복락을 소유하게 될 것이다.” 하지만 “당신(의 성실함)을 위해 만물 안에서 창조하소서”라는 말에는 이런 뜻도 들어 있다. “가난할 때나 부유할 때나 똑같이 하나님을 사랑하고, 중병(重病)을 앓을 때도 건강할 때처럼 그분을 사랑하며, 시험을 당할 때나 괴로울 때도 괴로움이 없을 때처럼 하나님을 사랑하라.” 정말 그렇다. 그렇게 하면 괴로움이 크면 클수록, 그 괴로움은 작아진다. 그건 마치 한 샘에 두 두레박이 있음과 같다. 하나가 무거우면 무거울수록, 다른 하나는 가벼워진다. 하나님을 사랑하는 사람에겐 온 세상을 내버린다는 것이 달걀만큼 가벼운 일이다. 사람이 버리는 게 많으면 많을수록, 버림이란 것은 더욱더 가벼워질 것이다.

셋째는, “만물 안에서 일하시며 당신의 종을 충만케 하소서”이다. 너희에게 속한 것을 모두 내버리고 너희 자신을 하나님의 소유로 바치라. 그리하면 하나님이 하나님 자신을 소유하시는 것처럼, 그분이 너희 소유가 될 것이다. 내게 속한 것은 그 누구에게서 나온 게 아니다. 하지만 내가 소유한 것이 다른 사람에게서 받았던 것이라면, 그것은 내 소유가 아니라 그 사람 소유다. 고개를 들고, 너희가 하는 모든 일이 하나님을 지향하도록 하라.

이 말뜻을 이해하지 못하는 사람이 많다. 하지만 나는 그 사실에 놀라지 않는다. 그것을 이해하는 사람이라면, 틀림없이 만물을 초탈하여 그 위에 우뚝 선 사람일 것이기 때문이다.

하나님, 우리가 이런 완전함에 이를 수 있도록 우리를 도와주소서. 아멘.

하나님 나라에 관하여

너희는 하나님의 나라가 가까이 온 줄을 알라(누가복음 21:31).

"너희는 하나님의 나라가 가까이 온 줄을 알라." 사랑하는 우리 주님은 이렇게 말씀하신다. 그렇다. 하나님 나라는 우리 안에 있다. 바울도 말하기를, 우리 구원이 우리가 믿는 것보다 가까이 있다고 했다. 바야흐로 너희는 하나님 나라가 우리에게 얼마나 가까이 와 있는지 알아야 한다. 여기서 우리는 그 의미를 열심히 짚어 봐야 한다. 만일 내가 왕인데도 내가 왕이라는 사실을 알지 못하면, 나는 왕이 아닐 것이다. 그러나 내가 나 자신이 왕이라는 든든한 확신을 갖고 있다면, 모든 백성이 나와 함께 있음을 유념한다면, 나아가 모든 백성이 내가 왕이라고 생각하며 그렇게 믿고 있음을 정말로 알고 있다면, 나는 왕일 것이며 왕이 가진 모든 부는 내 것이 될 것이다. 마찬가지로, 우리의 복락 역시 최고선이신 하나님 바로 그분을 통찰하며 그분을 아느냐에 달려 있다. 나는 내 영혼 안에 어떤 힘을 갖고 있다. 그 힘은 항상 하나님께 민감히 반응한다. 나는 내게 하나님보다 가까운 것이 없다는 사실을 내가 살아 있다는 사실만큼 확신한다. 하나님은 내가 나 자신에게 가까이 있는 것보다 내게 더 가까이 와 계신다. 내 모든 존재(본질)는 하나님이 내게 가까이 오셔서 나를 마주 보고 계신다는 그 사실에 의지하고 있다.

나는 하나님 나라를 생각할 때면 깊은 침묵에 잠긴다. 도저히 그 나라를 측량할 수 없기 때문이다. 하나님 나라는 모든 부요함을 갖고 계신 하나님 자신이기 때문이다. 하나님이 창조하실 수 있는 세계를 모두 생각해본다 하더라도, 그 세계가 하나님 나라의 전부는 아닐 것이다. 어떤 영혼 속에 하나님 나라가 나타날 것이며 어떤 영혼 속에서 하나님 나라가 통찰되는지, 사람은 영혼에게 설교할 필요도 없고 영혼을 가르칠 필요도 없다. 영혼은 자기 자신에게 배울 것이며 영생을 확신케 될 것이다. 하나님 나라가 자신에게 얼마나 가까이 있는지 알며 통찰하는 사람은 야곱과 마찬가지로 이렇게 말할 수 있으리라. "하나님께서 여기 이곳에 계시거늘, 내가 그것을 알지 못했도다."[1]

하나님은 어느 피조물에게나 똑같이 가깝게 와 계신다. 하나님을 보고자 하는 사람은 어느 피조물에서나 그분을 발견할 수 있고 그분을 통찰할 수 있다. 한 선생은 이렇게 말한다. "하나님을 올바로 통찰하는 사람만이 비로소 만물 안에서도 똑같이 그분을 알아차린다." 두려움을 품고 하나님을 섬김은 좋은 일이다. 사랑으로 하나님을 섬김은 더 좋은 일이다. 그러나 그 사랑과 그 두려움을 한데 모아 하나님을 사랑함이야말로 가장 좋은 일이다. 사람이 하나님 안에서 평온히 쉬는 삶을 갖는다는 건 좋은 일이다. 그 사람이 고통스러운 삶을 인내하며 짊어진다면, 그것은 더 좋은 일이다. 그러나 그 사람이 고통만이 넘쳐나는 삶 속에서 이런 쉼을 갖는다면, 그것은 더할 나위 없이 좋은 일이다.

어떤 사람이 들판으로 나가 기도하며 하나님을 믿는 신앙을 고백한다거나 교회에 가서 그 신앙을 고백한다고 치자. 만일 그 사람이 하나님을 평안히 쉬는 곳에 계신 분으로 알고 있다면, 그 지식은 그 사람의 결함에서 연유한 것이지 하

1.　창세기 28:16.

나님에게서 나온 것이 아니다. 하나님은 모든 곳에 똑같이 계시며, 그분의 힘이 미치는 곳이라면 어디에서나 늘 똑같이 자신을 내어주실 준비를 하고 계시기 때문이다. 따라서 하나님을 올바로 통찰하는 사람이라면, 어디에서나 똑같이 그분을 발견한다.

하늘은 어디에서나 똑같은 거리만큼 땅에서 떨어져 있다. 영혼 역시 이 땅에 있는 모든 것에게서 똑같은 거리만큼 떨어져 있다. 영혼에게는 이것이 저것보다 가까운 법이 없다. 사랑할 때나 괴로울 때나, 있을 때나 없을 때나, 영혼은 똑같은 거리를 두고 멀리 떨어져 있어야 한다. 그것이 어떤 경우이든, 영혼은 모든 경우에 죽임을 당하고 버림을 받은 상태에 있으면서도 또한 그것을 초월한 상태에 있어야 한다. 하늘은 티끌 하나 없이 순수하고 깨끗하다. 시간도 공간도 하늘과 상관이 없다. 육체를 지닌(속세의) 그 어떤 것도 하늘에 자신의 자리를 갖고 있지 않다. 하늘의 운행은 믿을 수 없을 만큼 빠르고 그 운행에는 시간이라는 게 없지만, 시간은 하늘의 운행에서 나온다. 영혼이 하나님을 통찰할 때, 공간과 시간만큼 방해꾼 노릇을 하는 것은 없다. 시간과 공간은 토막토막으로 되어 있는 것들(Stücke)이다. 그러나 하나님은 (전체로서) 하나(Eines)이다. 그 때문에 영혼이 하나님을 통찰하려면 시간과 공간을 초월해야 한다. 하나님은 하나이시기 때문이다.

영혼이 하나님을 인식하려면, 무(無)와 사귐을 가질 필요가 없다. 하나님을 보는 사람은 모든 피조물이 무(無)라는 것을 통찰한다. 사람이 한 피조물을 다른 피조물과 비교하면, 그 피조물은 아름답게 보일 수도 있고 제법 중요해 보일 수도 있다. 그러나 그 피조물을 하나님에 비추어 비교해 보면, 그 피조물은 무(無)일 뿐이다.

영혼이 하나님을 통찰하려면, 영혼은 자기 자신을 잊어버리고 자기 자신을 잃어버려야 한다. 아직도 자기 자신을 바라보며 자기 자신을 통찰하는 영혼은 하나님을 보지도 못하고 통찰하지도 못한다. 영혼이 자신을 하나님께 바치면서 만물을 내어버릴 때, 그 영혼은 하나님 안에서 자신을 다시 발견한다. 그 영혼이 하나님을 통찰하기 때문이다. 그렇게 되면, 영혼은 하나님의 완전하심 속에서 자기 자신과 자신이 초탈해버린 만물을 통찰한다. 만일 내가 최고선과 영원하신 자비를 통찰하려 한다면, 진실로 나는 그것이 어떻게 분배되어 있는지 통찰할 것이 아니라, 그것 자체가 얼마나 선한지 통찰해야 한다. 만일 내가 참된 본질을 통찰하려 한다면, 그 본질이 피조물 속에서 어떻게 분배되어 있는지 통찰할 것이 아니라, 그 본질 자체가 어떻게 존재하는지, 다시 말해 그 본질이 하나님 안에 어떻게 존재하고 있는지 통찰해야 한다.

오직 하나님 안에 신의 전체 본질이 존재할 뿐이다. 그러나 한 사람 속에는 전체 인류의 모습이 존재하지 않는다. 한 사람은 모든 사람이 아니기 때문이다. 그러나 영혼은 하나님 안에서 전체 인류의 모습을 통찰하며, 지극히 높으신 분 안에서 만물을 통찰한다. 본질에 비추어 전체 인류와 만물을 통찰하기 때문이다. 아름답게 색칠이 된 집에서 사는 사람은 그 집에 들어가 보지도 아니한 채 그 집에 관하여 말만 많이 하려는 사람보다 그 집에 대해 많이 알고 있다. 그런 점에서, 영혼이 하나님을 통찰하려면 시간과 공간 밖에서 그분을 통찰해야만 한다는 것은 내가 살아 있고 하나님이 살아 계신다는 것만큼이나 확실한 사실이다. 그런 영혼은 하나님을 통찰하며 하나님 나라, 곧 모든 부요함을 갖고 계신 하나님의 나라가 얼마나 자신에게 가까이 와 있는지 안다. 선생들은 학교에서 영혼이 하나님을 통찰하는 일이 어떻게 이루어질 수 있는지 질문을 많이 받는다. 하나님이 사람에게 너무나 많은 것을 요구하신다는 것이 곧 하나님의 엄격함은 아니다. 오히려 하나님은 영혼이 많은 것을 받아들이며 하나님 그분이 많은 것을 그 영혼에게 주실 수 있도록 영혼이 자신을 발전시

켜 나가기를 바라신다. 그런 점에서 보면, 정작 중요한 것은
그분의 크신 온유함이다.

모든 것을 초탈하며 모든 것에 초연해진다는 것은 무거
운 말씀이요 처음에는 무거운 것이다. 그럴지라도 어떤 사람
이든지 이런 것에 도달하는 것을 어렵다고 생각해서는 안 된
다. 일단 이런 삶 안으로 들어가게 되면, 삶은 가장 가볍고 가
장 환희에 차 있으며 가장 사랑스러운 것으로 바뀌게 된다.
만일 사람이 오직 하나님만을 따르고자 한다면, 하나님은 늘
그 사람 옆에 계시고자 정말 열심을 다하시기 때문이다. 어
떤 사람이 어떤 것을 갈망한다 할지라도, 사람을 이끌어 하
나님 그분을 통찰하게 하시려는 하나님의 갈망보다 더 하지
는 못한다. 하나님은 늘 준비하고 계시나, 우리는 너무나 준
비가 안 되어 있다. 하나님은 우리에게 가까이 와 계시나, 우
리는 하나님에게서 멀리 떨어져 있다. 하나님은 안에 들어와
계시나, 우리는 밖에 나가 있다. 하나님이 (우리의) 본향이신
데, 정작 우리는 이방에 머물고 있다.

선지자는 이렇게 말하고 있다. "하나님께서 좁은 길을 통
해 의로운 자들을 넓은 길로 인도하시니, 그들을 크고 넓은
곳으로 들어가게 하려 하심이라." 여기서 크고 넓은 곳은 영
이 하나님과 "한" 영(*ein* Geist)이 되어 참된 자유를 누리는 곳

을 말한다.

하나님, 우리를 도우셔서 우리가 모두 하나님을 따르게 하시고 우리를 당신 안으로 인도하여 주소서. 아멘.

제3부

에크하르트의 논문과 설교 본문에서 골라낸 잠언과 가르침의 말들

I. 아버지 하나님, 아들 하나님, 생명

1 때가 차매, 하나님이 영혼에게 자신의 아들을 보내셨다. 영혼이 시간과 공간에 얽매임이 없이 그것들에서 자유로워지면, 아버지는 자신의 아들을 영혼 속에 보내신다.

2 하나님은 자신의 특유한 아들이 영혼 속에서 태어나도록 이 영혼을 창조하셨다. 하나님은 천지를 창조하셨을 때보다 이 태어남이 이루어질 때에 더 기뻐하신다. 영혼이 하늘보다 고귀하며 광대하기 때문이다.

3 하나님은 선하며 (그분을) 바라보는 모든 영혼 속에서 지금

뿐 아니라 영원토록 자신의 특유한 아들을 낳으신다.

그 일이 그분께 달가운 것이든 아니면 고달픈 것이든, 하나님은 그 일을 하셔야 한다. 아버지는 끊임없이 자신의 아들을 낳으신다. 여기서 나아가 나는 이렇게 말한다. "그분이 나를 그분의 아들로서, 그분과 똑같은 아들로서 낳으신다." 한층 더 나아가 나는 "그분이 자기 자신인 나, 나인 자기를 낳으신다"고 말한다. 그분은 나를 그분의 고유한 본질로서, 고유한 본성으로서 낳으신다. 나는 가장 깊숙한 샘물 속에서 성령으로부터 흘러나온다. 거기에는 오직 "하나의" 생명, "하나의" 본질, "하나의" 일만 있을 뿐이다.

내 육신의 아버지는 본디 내 아버지가 아니다. 다만 나는 그의 본성의 작은 한 조각이며, 나는 그와 분리되어 있다. 그는 죽더라도 나는 살아 있을 수 있다. 따라서 하늘에 계신 아버지만이 진정한 내 아버지시다. 나는 그분의 아들이요, 내가 가진 것은 모두 그분에게서 나왔으며, 나는 그분과 똑같은 아들이지 그분과 다른 누군가가 아니기 때문이다. 아버지는 오직 "하나의" 일만 행하신다. 그 때문에, 그분은 나를 그분의 특유한 아들, 그분과 나 사이에 그 어떤 구별도 없는 아들로 만드신다.

4 나는 영혼 안에서 이루어지는 영원한 출생이 영원으로부터 이루어지는 것처럼 이루어진다고 말한다. 그것은 영혼의 본질과 기초 안에서 이루어지는 출생이기 때문이다.

5 우리는 아버지를 통해 생명을 받아들이며, 아들을 통해 빛을 받아들인다. 만물은 그 빛 안에서, 그들의 본래 형상 안에 있을 때처럼, 영원히 빛을 발하고 있다. 우리는 성령을 통해 넘쳐흐름을(das Überströmen) 받아들인다. 그 넘쳐흐름 속에서 만물은 하나가 된다.

6 너희는 왜 사는가? 생명 때문이다. 그런데도 너희는 너희가 왜 사는지 모른다. 생명 그 자체는 갈망할 가치가 있다. 그러기에 사람들은 자기 자신을 위해 생명을 갈망한다. 악마 같은 적대자나 가난한 영혼도 지옥에서 자신의 생명을 잃어버리길 원하지 않는다. 그들의 생명은 너무나 고귀하여 하나님에게서 직접 영혼 속으로 흘러들어오기 때문이다. 생명이 직접 하나님에게서 흘러오기에, 그들은 살기를 바란다. 생명이란 무엇인가? 하나님의 본질이 나의 생명이다. 하지만 하나님의 본질이 내 생명이라면, 분명 하나님의 것이 내 것이며 하나님의 현존(現存)이 나의 참된 존재임에 틀림없다. 그

이하도 그 이상도 아니다. "그 말씀이 하나님과 함께 계셨다." 그 말씀은 동시에 하나님과 같은 분이셨다. 그 말씀은 하나님 옆에 계셨으며, 하나님 아래나 하나님 위에 계시지 않고, 도리어 하나님과 나란히 계셨다.

7 하나님이 사람을 만드셨을 때, 하나님은 여자를 남자의 옆구리에서 만드셨다. 그 때문에 여자는 남자와 동등한지도 모르겠다. 하나님은 그들을 머리나 발에서 만드시지 않았다. 이는 아마도 여자나 남자나 하나님을 위해 있는 것이 아니라, 도리어 그들이 [둘로 나누어짐이 없이 하나로서] 하나님과 같아지기를 원하셨기 때문이리라. 하나님과 함께하는 의로운 영혼이라면[둘로 나누어짐이 없이 하나가 된 영혼이라면], 하나님과 같을 것이다. 하나님 옆에 있으면서, 올바른 방식으로 하나님과 나란히 있되, 하나님 아래나 하나님 위에 있지 아니할 것이다.

II. 사람의 태어남, 사람

1 사람의 태어남에는 두 가지가 있다. 하나는 세상 안에 태어나는 것이요, 하나는 세상으로부터 밖으로 나와 하나님 안에 태어나는 것이다. 너희가 하나님의 아들이 됐는지 알고 싶다면, 이것을 알기 바란다. "너희가 죄악 때문에 슬퍼하지 않고 죄악이 아닌 다른 어떤 것 때문에 슬퍼한다면, 너희는 하나님의 자녀로서 아직 태어나지 않은 것이다."

2 하나님이 성령의 샘과 근원을 낳으시는 곳 안에 하나님의 자녀, 진정한 하나님의 아들들이 있다.

3 그래서 하나님의 아들로서, 그분으로부터 태어난 사람은 자기 자신을 위해 하나님을 사랑하며 하나님이 성취하신 일들을 위해 자기 일을 행한다. 그는 그런 사랑, 그런 일에 지치는 법이 없다. 그가 사랑하는 그것이 그에겐 유일한 사랑이다. 하나님이 [사랑스러운] 사랑이심이 이를 통해 확증된다.

4 하나님은 몸소 우리가 그분을 통찰하도록 만드시며, 그분의 존재가 나로 하여금 나를 통찰하게 만드신다. 따라서 그분의 통찰이 곧 나의 통찰이다. 이것은 마치 한 선생이 가르친 것과 그 선생의 학생이 배운 것이 동일함과 마찬가지다. 따라서 그분의 본질, 그분의 존재 그리고 그분의 본성이 내 것이라면, 나는 하나님의 아들이다. 보라. 하나님이 그런 사랑을 우리에게 쏟으셨기 때문에, 우리 사람들이 하나님의 아들이라 일컬음을 받게 됐고 그분의 아들이 된 것이다.

5 사람(Menschtum)[모든 사람을 통틀어 일컫는 말]과 사람의 존재(Menschsein)[사람 개개인을 가리키는 말]는 같은 말이 아니다. 인류(Menschheit)[종(種)의 개념으로서 사람을 가리키는 말] 그 자체는 너무나 고귀하기에, 인류에게 지극히 높은 것(das Höchste)은 천사와 동일하며 하나님과는 한 가족이 된다. 그 때문에 만일 내

가 내게 속한 이것저것을 내게서 떼어 놓을 수 있다면, 나아
가 내가 인류 이상의[나 개인을 초월한] 나를 취할 수 있다면, 그
리스도가 아버지와 더불어 가지셨던 하나 됨을 나 역시 얻게
될지도 모른다. 하나님은 이전에 자신의 독생자에게 주셨던
그 모든 것을 그 아들에게서와 똑같이 완전하게 내게도 주셨
다. 아니 그분은 오히려 내게 더 풍성하게 주셨다. 그리스도
의 본성에 비추어 보건대, 하나님은 나라는 사람에게 그리스
도에게보다 많은 것을 주셨기 때문이다. 하나님은 그리스도
에게 아무것도 주시지 않으셨으나, 그리스도는 아버지 안에
서 영원으로부터 모든 것을 취하셨다. 만일 내가 너희를 친
다면, 나는 먼저 부르크하르트(Burkhart)나 하인리히(Heinrich)
라는 사람을 친 것이요, 이어서 그 인간을(den Menschen) 친 것
이다. 그러나 하나님은 그렇게 행하시지 않는다. 그분은 먼
저 인성(人性, Menschheit)을 취하셨다. 그렇다면 (그리스도라는)
한 사람은(ein Mensch) 누구인가? 그는 예수 그리스도라는 사
람을 통해 그리스도라는 고유의 이름을 갖는다. 그래서 우리
주님은 이렇게 말씀하신다. "이 하나를 붙잡는 사람이 내 눈
을 붙잡는다." …

　　만일 누군가가 하나님을 위하여 금 100푼트(Pfund)를[1] 내

1.　무게 단위, 1Pfund = 500g.

놓는다면, 그 사람은 큰일을 한 것이요 그 일은 크게 보일 것이다. 그러나 나는 너희에게 이렇게 말하련다. "내게 금 100푼트를 드릴 의지가 있고 이 의지가 실제로 이루어졌다 하자. 사실 그렇게 되면, 나는 하나님이 소유하신 100푼트로 하나님께 드린 것이지만, 하나님은 마치 내가 (내가 가진) 100푼트를 하나님께 지불한 것처럼 대답하실 게 틀림없다." 내친 김에 더 말하련다. "내가 온 세상이 내 소유인 것처럼 가정하고 그 세상을 모두 바칠 마음으로 하나님께 온 세상을 드렸다 하자. 그러면 하나님은 마치 내가 그분께 온 세상을 드린 것처럼 대답하실 게 틀림없다. 그렇다. 만일 교황이 내 손에 맞아 죽었는데, 그것이 내 뜻과 상관없이 일어난 일이라고 해 보자. 그럴지라도 나는 제단으로 나아가 미사를 드릴 것이다."

나는 이렇게 말하련다. "가장 가난하고 가장 비참한 사람도 교황이나 황제처럼 완전히 사람이다. 우연히 내가 갖게 된 사람이라는 존재(das Menschsein)보다 사람 그 자체가(Menschtum an sich selber) 내게 더 가까우며 더 많기 때문이다."

6 영원하신 말씀이 그 안에서 말씀하시는 사람들에겐 네 가지 일이 일어난다. 첫째, 그 사람은 하나님과 하나가 된다. 둘

째, 그 사람은 하나님의 은혜로 말미암아 하나님의 아들이
된다. 셋째, 그 사람은 하나님의 상속인이 된다. 넷째, 종이
지닌 모든 속성은 그에게서 떨어져 나간다. 이는 마치 바울
이 이렇게 말한 것과 같다. "그리스도 안에서는 여자와 남자
가 없고, 유대인과 헬라인이 없으며, 종과 자유인이 없다. 도
리어 그리스도 안에서는 모든 사람이 하나요, 모든 사람이
하나님의 아들(자녀)이다."[2]

2.　갈라디아서 3:28.

III. 아내, 마리아, 영혼

1 내(에크하르트)가 말하거니와, 만일 마리아가 먼저 하나님의 아들을 자신의 영혼 속에서 영으로 낳지 않았다면, 그 아들은 육으로도 마리아로부터 태어나지 않았을 것이다.

2 아내라는 말은 남자가 그 영혼으로 할 수 있는 가장 고귀한 말이다. 그 말은 처녀라는 말보다 더 고귀하다. 사람이 하나님을 자신 안에 받아들임은 좋은 일이다. 이렇게 받아들일 때, 그 사람은 여종(마리아)이 된다. 하지만 하나님이 그 사람 안에서 자녀를 낳으실 수 있게 됐다는 것이 더 좋은 일이다. 자녀를 낳으실 수 있게 됐다는 것은 그 선물에 대한 감사이

기 때문이다. 그 감사가 다시 출산을 할 때, 영혼은 한 아내가 된다.

3 영혼이 하나님을 향할 때, 그 영혼은 늘 한 남자와 같아진다. 영혼이 아래를 향할 때, 그 영혼은 여자 같아진다고 일컫는다. 그러나 사람이 하나님 바로 그분을 통찰하고 본향의 자기 거소에 계신 하나님을 찾으면, 그 영혼은 남자다워진다. 그런 다음, 그 영혼이 한 가지 형상으로 중개자 없이 하나님 안으로 들어가면, 그 영혼은 한 남자와 같아진다.

4 너희는 이것을 알아야 한다. "하나님의 형상은 말 그대로 영혼 속에서 본성의 가장 깊숙한 곳에 새겨져 있다. 진정 그 하나님의 형상이 영혼의 형상으로 만들어진다. 여기서는 의지(그리스도)를 통한 것이든 아니면 지혜(성령)를 통한 것이든, 그 어떤 중개(仲介)도 이루어지지 않는다. 여기서 하나님은 그 어떤 중개자도 없이 그 형상 안에 계시며, 그 형상 역시 어떤 중개도 거치지 아니한 채 하나님 안에 존재한다. 그러나 그 형상 속에 있는 하나님이 하나님 안에 있는 그 형상보다 훨씬 고귀하다. 하나님이 창조주이신 한, 그 형상은 하나님을 알아보지 못한다. 도리어 그 형상은 하나님을 이성에 따라

다스리시는 본질(존재)로서 지각하며, 본성의 가장 고귀한 것 역시 자신을 있는 그대로 그 형상에게 심어준다.

5 그 영원한 말씀이 영원 속에서 자기 자신을 낳는다. 말씀 자체는 끊임없이 자기 자신을 낳으시되, 자신보다 못한 것을 낳으시는 법이 결코 없다.

6 하나님은 내 영혼을 너무나 사랑하신다. 그 때문에 그분의 본질과 그분의 생명은, 그분이 좋아하시든 싫어하시든, 그분이 나를 사랑하셔야만 한다는 사실에 달려 있다. 하나님이 나를 사랑하신다는 것을 받아들이는 사람이라면, 그분이 하나님이심도 받아들일 것이다.

7 사람이 사랑하는 것은 사람이다. 그것을 이렇게 이해해야 한다. 어떤 사람이 돌을 사랑한다면, 그 역시 돌이다. 그 사람이 한 사람을 사랑한다면, 그 역시 사람이다. 만일 그가 하나님을 사랑한다면, 나는 감히 더 말할 수가 없다. 나는 하나님을 사랑하는 그 사람을 가리켜 하나님이라고 말하기 때문이다. 이렇게 말하면, 너희는 내게 돌을 던질지도 모르겠다.

8 영혼은 시간과 영원 사이의 한 장소에서 창조됐다. 그 영혼은 시간 및 영원과 모두 접촉하고 있다. 영혼은 자신의 가장 높은 힘을 사용하여 영원과 접촉하나, 다른 한편으로 자신의 가장 낮은 힘을 사용하여 시간과 접촉하고 있다. 보라. 영혼은 이렇게 시간 "속에서"(in der Zeit) 일하지만, 시간을 "따라"(nach der Zeit) 일하지는 않는다. 오히려, 영혼은 자신이 천사들과 한 몸을 이루는 영원을 지향하며 일한다.

9 너희가 자신을 옳은 방법으로 사랑한다면, 너희는 모든 사람을 자신처럼 사랑하게 된다. 너희가 어떤 사람을 너희 자신보다 덜 사랑하는 한, 너희는 결코 자신을 참되게 사랑하지 않는 것이다. 자기 자신을 올바르게 사랑하는 사람을 좋게 여길 때에 비로소 그 사람은 모든 사람을 자기 자신과 똑같이 사랑하게 된다.

10 내가 내게 붙어 있는 이기적인 것을 모두 내어던질 때, 나는 영의 순수한 본질 안으로 옮겨진다.

영혼은 자신이 육신에게 생명을 주는 그곳보다 영혼 자신이 사랑하는 그곳에 많이 존재한다.

11 의지(Wille)가 많은 사람일수록 (하나님과 하나 된) 사랑(Minne)
도 더 많이 갖는다.

12 어떤 사람이 죽은 바울이 보았던 것과 같은 환상에 들어
가 있다고 하자. 그런데 그 사람이 알고 있는 쇠약한 사람 하
나가 그에게 수프를 조금 얻어먹기를 갈망한다고 해 보자.
만일 그 사람이 (하나님과 상관없는) 사랑과 환상을 버리고 (하나
님과 하나 된) 더 큰 사랑으로 하나님을 섬긴다면, 나는 그것을
더 좋게 여길 것이다.

IV. (하나님과 상관없는) 사랑
그리고 (하나님과 하나 된) 사랑에 관하여

1 몇몇 사람은 마치 암소를 관찰하듯이 하나님을 육신의 눈으로 바라보려고 하며, 마치 암소를 애지중지하는 것처럼 하나님을 사랑하려고 한다. 너희가 우유나 치즈를 얻으려고 암소를 사랑하는 것은 너희 자신의 이익 때문에 암소를 사랑하는 것이다. 겉으로 드러나는 부(富)나 내면의 위로를 얻을 목적으로 하나님을 사랑하는 사람들도 암소를 사랑하는 이들과 마찬가지다. 그런 사람들은 하나님을 올바로 사랑하는 것이 아니다. 오히려 자기 자신의 이익 때문에 하나님을 사랑하는 것이다. 그런 사랑이야말로 너희가 가장 가까운 진리에 이르는 길을 가로막는 방해물이 된다.

2 우리가 우리 것으로 가진 것이 많으면 많을수록, 우리가 가지는 사랑은 점점 더 적어진다. 우리가 우리 것으로 가진 것이 적으면 적을수록, 우리는 그분(하나님)이 채워주실 수 있는 모든 것과 함께 그분을 더욱더 많이 갖게 된다. 그 때문에 우리 주님은 모든 복에 관하여 말씀하시면서 심령의 가난을 제일 높은 곳에 놓으셨다. 그것은 모든 복과 완전함의 출발점이 심령의 가난에 있음을 보여주는 표징이었다.

3 따라서 사람들은 영을 육체로부터 지키고자 보속이라는 재갈을 육체에 물리고 그 육체를 억누른다. 육체는 영에게 너무나 버겁기 때문이다. 육체는 이곳(땅)이 집이다. 세상이 육체를 돕는다. 그리고 땅은 그의 조국이다. 그의 친족, 음식, 음료, 그가 마음에 들어 하는 것이 모두 여기 땅에서 그를 돕고 있다. 그 모든 것이 영을 대적한다. 영에게는 여기 땅이 이방이다. 영의 친족은 모두 하늘에 있다. 거기가 진정 그의 고향이다. 따라서 육체가 영을 정복할 수 없게 하며 영이 육체로부터 자신을 지킬 수 있으려면, 사람들은 육을 누르고 이 싸움에서 그 육을 약하게 만들어야 한다.

사람이 육체에게 그리할 때에 그 육체가 사로잡히듯이 너희가 천 번이라도 그 육체를 더 잘 붙잡으며 그 육체를 괴

롭히고자 한다면, 그 육체에게 사랑이라는 재갈을 물리도록 하라. 사랑이 있으면, 너희는 육체를 가장 빨리 정복하게 된다. 그 때문에, 하나님은 다른 것이 아닌 사랑으로 우리를 붙잡으려 하신다. … 그 사랑에 사로잡힌 사람은 가장 단단한 끈, 그러면서도 달콤한 짐을 받아 갖게 된 것이다. 이 달콤한 짐을 짊어진 사람은 일찍이 사람이 감당하거나 실천할 수 있었던 그 어떤 보속 행위나 혹독한 근신보다 많은 것을 얻게 되며 더 많이 앞으로 나아가게 된다. … 어떤 것도 너희를 하나님의 소유로 만드는 것은 없으며, 하나님은 오로지 이 달콤한 끈을 통해 너희를 하나님의 소유로 만드신다. 이 길을 발견한 사람은 다른 길을 찾지 않는다.

4 영혼이 진리의 영으로 말미암아 깨우침을 얻으면, 만물의 무게는 영혼에게 영(零)이 되어버린다. 이는 마치 바울이 "나는 만물을 다름 아닌 배설물로 여긴다"고[1] 말한 것과 같다. 참된 가난 가운데 있는 영혼은 모든 피조물에 염증을 낸다.

5 너희는 진정으로 가난한 사람이 누구인지 알고 싶은가? "그" 사람은 진실로 심령이 가난한 사람이요, 꼭 필요치 않은

---

1.   빌립보서 3:8.

것들은 전혀 없이 살아갈 수 있는 사람이다. 그 때문에 벌거
벗은 몸으로 통 안에 앉아 있었던 그 사람은 온 세상을 정복
한 알렉산드로스 대왕에게 다음과 같이 말했다.[2] "나는 당신
보다 훨씬 위대한 군주입니다. 나는 당신이 소유한 것보다 더
많은 것을 멸시하기 때문입니다. 당신이 크게 여겨 갖고자 하
는 그것이 내게는 하찮은 것이요 단지 웃음거리일 뿐입니다."

아무것도 갖지 않음(無所有, das Nichtshaben), 완전히 비워버
린 상태(Ausgeleertsein)는 자연(의 본성)을 뒤집어버린다. 진공 상
태의 공간은 물을 위로 빨아올린다. 그 때문에 만일 너희가
하나님 안에서 충만한 위로와 기쁨을 누리고자 한다면, 모든
피조물과 그 피조물이 주는 위로에서 너희를 자유롭게 만들
길을 찾아야만 한다. 너희가 그 피조물과 피조물이 주는 위로
에 붙잡혀 있는 한, 너희는 더 이상 참된 위로를 발견하지 못
한다. 만일 어떤 사람이 잔 하나를 완전히 비워 진공으로 만
들어버릴 수 있다면, 틀림없이 그 잔은 자신의 본성을 잊어버
릴 것이며, 그 진공은 그 잔을 하늘까지 끌어올릴 것이다. 마
찬가지로 끝이 있는 모든 것이 가난한 상태, 완전한 비움의
상태에 있으면, 영혼을 하나님께 끌어올리게 된다.

---

2.   기원전 5세기 중반의 희랍 철학자인 디오게네스와 알렉산드로스 대
      왕의 대화 가운데 나온 내용이다.

V. 기쁨, 하나인 존재
그리고 귀향에 관하여

1 하나님과 친족이 됨으로써 하나님과 합쳐지는 데 그치지 않고 아예 하나님과 "하나"가 되는 그 무엇이 영혼 안에 있다. 창조된 모든 것은 무(無)이다. 하지만 이 무엇은 창조된 모든 것과 거리가 멀며 그것과 전혀 다르다. 어쨌든 사람이 그런 상태에 있다면, 그는 창조되지 아니한 것이요 창조될 수 없는 것이리라. 육체를 지닌 허약한 모든 것이 하나 된 존재 안에 포괄되어 있다면, 그 모든 것은 다름 아닌 하나 된 존재 자신일 것이다. 만일 내가 잠깐 동안만이라도 이 본질 안에 있게 된다면, 나는 나 자신을 배설물을 먹고 사는 조그만 벌레보다 못한 것[지극히 미미한 벌레]으로 여길 것이다. ⋯ 파리가

하나님 안에 있는 것처럼 그렇게 받아들이는 사람이 있는가? 그러나 하나님 안에 있는 파리는 하나님 바로 그분 곁에 있는 가장 높은 천사보다 고귀하다. 하나님 안에서는 만물이 동일하며, 만물이 곧 하나님 자신이다. …

그런데 그 천사들 때문에 한 가지 질문이 생긴다. 그 천사들이 여기서 우리와 함께 살며 우리를 섬기고 보호하는가, 그 천사들이 (여기서 누리는) 기쁨 속에서 그들이 영원 가운데 있을 때보다 적은 동일성을 갖는 것은(하나님과 덜 같아지는 것은) 아닌가, 또는 그 천사들이 (우리를) 보호하고 섬겨야 할 일에 전념함으로써 손해를 당하는 것은 아닌가라는 의문이 생긴다. 나는 천사들이 그 일로 말미암아 어떤 손해도 당하지 않는다고 말한다. 그 때문에 그들의 기쁨과 그들의 동일성은 결코 더 적어지지 않는다. 왜냐하면 천사가 하는 일은 곧 하나님의 뜻이요, 하나님의 뜻은 곧 천사의 일로 나타나기 때문이다. 그러므로 천사는 자신의 기쁨이나 동일성에, 그리고 자신이 하는 일에 침해를 받지 않는다. 하나님이 천사에게 땅에 있는 나무로 내려가 나방의 애벌레를 다 없애라고 명령하신다면, 천사는 기꺼이 그렇게 할 것이다. 그것이 곧 그의 복락일 것이며, 하나님 뜻이리라.

2 "어떤 사람"이 손님을 맞을 준비를 했다. 너희는 그 어떤 사람의 이름이 무엇인지 아는가? 그는 이름이 없는 분, 곧 하나님이시다. 이분이 자신의 종을 보냈다. 성(聖) 그레고리우스는 이렇게 말한다. "'이 종들'은 그분을 전하는 자들이다. '이 종들'은 또 다른 의미에서 천사들이라고 불린다." 나는 "이 종들"이라는 말에 영혼의 작은 불꽃(das Fünklein der Seele)이라는 세 번째 의미가 들어 있다고 생각한다. 하나님이 창조하신 하나의 빛인 이 불꽃은 위로부터 영혼에 작용하며, 하나님의 본성을 보여주는 하나의 형상이다. 이 불꽃은 하나님께 속하지 아니한 모든 것에 늘 대항하며 언제나 하나님을 지향하는 상태에 있다. 심지어 지옥에 있더라도, 이 불꽃은 하나님을 지향하는 복된 상태에 있다.

3 바로 이 빛(작은 불꽃) 속에서 영혼은 천사들과 한 몸이 된다. 지옥에 떨어졌으나 여전히 본성의 고귀함을 유지하고 있는 천사들 역시 이 영혼과 한 몸을 이룬다. 그때 이 작은 불꽃은 모든 비참한 고통에서 해방되어 하나님의 본질(존재) 가운데 똑바로 서 있게 된다. 그뿐 아니라, 영혼은 자신을 하나님 안에서 늘 일하고 있는 천사들과 동렬(同列)에 놓는다. 이 작은 불꽃은 하나님이 끊임없이 창조하시는 것으로서 위에 떠다

니는 빛이요 하나님의 본성을 드러내는 형상이다. 영혼은 이 빛을 자신 안에 담고 있다. … 이 빛은 지옥에서도 선(善)을 지향하면서, 순수하지 못하고 하나님께 속하지 아니한 모든 것과 영혼 속에서 전투를 벌이며, 끊임없이 그 영혼을 초대하여 대접한다.

4 (하나님과 하나 된) 사랑은, 그 본성상, 둘로 나뉜 것에서 유일한 하나로 흘러간다. 하나가 아니라 둘로 나뉘어 있는 것은 그 본성상 당연히 사랑을 열망과 격정으로 가득하게 만든다. 그러나 "모든 물(바다), 모든 본질(존재)은 서둘러 자신들의 근원으로 다시 흘러들어간다." 그 때문에, 내가 이전에 이야기했던 그대로, "아버지와 우리의 형상이 동일하다는 점(Eben-bildlichkeit)과 (우리가 하나님과 하나 된) 사랑(Minne)은 영혼을 하나이신 근원, 곧 천지(天地)의 아버지이신 우리 아버지께 되돌아가도록 재촉한다."

VI. 참회와 심령의 가난에 관하여

1 나는 영혼 안에 시간이나 육체와 접촉하지 않는 한 힘이 있으며 이 힘은 영에서 흘러나오고 영 안에 머물며 철저하게 영에 속해 있다는 것을 이미 종종 말했다. 하나님은 이 힘 안에서 바로 하나님 자신이신 모든 기쁨의 싹을 틔우시고 꽃이 피게 하신다. … 영원한 아버지가 이 힘 안에서 끊임없이 영원한 아들을 낳으시기 때문이다. 만일 어떤 사람이 이 땅의 모든 재보(財寶)를 갖고 있으나 그 모든 것을 하나님 때문에 포기한다면, 그럼으로써 일찍이 이 땅 위에 살았던 가장 가난한 사람 가운데 하나가 된다면, 나아가 하나님이 전에 어떤 사람에게 주셨던 것만큼 아주 많은 고통을 그에게 주시고

그 사람은 죽을 때까지 이 모든 고통을 감내하게 된다면, 그러다가 하나님이 단지 한순간 그 사람이 이 힘 안에 있음을 그에게 보여주신다면, 그 사람의 기쁨은 커지지만 모든 고통과 가난은 그에게 아주 작은 것이 될 것이다. … 하나님은 마치 영원한 현재 안에 계시는 것처럼 이 힘 안에 계시기 때문이다. 만일 영이 늘 이 힘 안에서 하나님과 하나가 된다면, 사람은 결코 늙지 않을 것이다. 하나님이 첫 사람을 만드셨던 때도 이 현재요, 마지막 사람이 사라질 그때도 이 현재이며, 내가 지금 말하는 때도 이 현재이기 때문이다. 하나님 안에서는 이 모든 것이 다 동시(同時)이며, 오로지 현재일 뿐이기 때문이다. 만일 하나님이 단 한순간만이라도 이 사람이 이런 힘 안에 살고 있음을 그 사람에게 보여주신다면, 그는 하나님과 더불어 고통도 행복도 모르는 채 오히려 늘 똑같은 영원만을 알고 있는 빛 속에서 살게 될 것이다. … 진실로, 하나님은 이 힘 안에서 끊임없이, 그분의 모든 부요함과 더불어 그리고 너무나 커서 그 끝이 없는 기쁨과 함께, 희미한 빛을 내며 불타오르신다. 그 때문에, 그것에 관하여 충분히 말할 수 있거나 알 수 있는 사람이 아무도 없다.

2 영혼은 최상의 힘들을 사용하여 하나님과 닿아 있다. 거기

로부터 영혼은 하나님을 따라 형성된다. … 영혼이 지닌 최
고의 힘은 세 가지다. 첫 번째는 통찰이다. 두 번째 힘은 불끈
불끈 성을 내며 아무에게나 대드는 힘이다. 세 번째는 의지
다. 영혼은 올바른 통찰 속에서 "빛"이라 불린다. … 아무에
게나 대들려는 힘은 끊임없이 위로 치솟아 오른다. 이 힘은
그 어떤 것도 자신의 위에 있는 것을 참지 못할지도 모른다.
내 생각으로는, 하나님이 자신 위에 있는 것도 참지 못할 수
있다. 만일 하나님이 아예 그 힘 안에 계시지 않는다면, 그 힘
은 결코 쉼이 없었으리라. 내면을 지향하는 의지는 늘 하나
님을 향하며, 자기 속에서 하나님의 사랑을 창조한다. 그때
하나님은 영혼 안으로 부어지고 영혼은 하나님 안으로 부어
지며 하나님의 사랑이라는 이름을 갖게 된다.

3 하나님 나라는 무엇인가? 그 나라는 하나님 자신의 본질이
충만한 가운데 있는 하나님 자신이다. 그러나 우리는 그 나
라를 영혼 속에서도 체험한다. 영혼도 하나님과 같은 종류이
기 때문이다. 그렇기 때문에, 하나님 자신이 하나님 나라이
신 한, 여기서 그 나라에 관하여 말하는 모든 것은 영혼에 관
하여 이야기할 때에도 말하게 된다. 영혼은 존재의 정수(精髓)
이기 때문이다. 영혼이 하나님의 구현(具現)이라면, 그 영혼은

하나님의 존재이다. 그렇다면, 영혼 그 자체도 하나님 나라다.

제4부

문제시된 문장들

에크하르트의 설교 가운데
1329년에 교황이 칙서를 통하여
이단성이 있다고 선고했던
28개 문장 중 일부

[5/6번 문장] 누군가를 모욕함으로써 그를 비방하는 사람은 바로 그 모욕죄를 저지름으로써 하나님을 찬미한다. 그가 모욕을 많이 할수록, 그가 무거운 죄를 저지를수록, 그는 더 힘차게 하나님을 찬미한다. 하나님을 모독하는 그 사람이 하나님을 찬미하는 사람이다.

[7번 문장] 이것 혹은 저것을 달라고 하나님께 간구하는 사람은 악한 것을 간구하는 사람이요 악하게 간구하는 사람이다. 그가 간구하는 것은 선을 부인하는 것이요 하나님을 부인하는 것이기 때문이다. 그 기도를 통해 그렇게 기도하는 자는

곧 하나님이 자신을 받아들이지 마시도록 간구하는 것이다.

[8번 문장] 영예나 이익, 내면의 자기헌신이나 거룩함, 보상이나 하늘나라 등 그 어떤 것도 추구하지 아니한 채, 도리어 이 모든 것을 단념하고 자기 자신조차 포기한 사람들, 바로 그런 사람들 속에서 하나님은 영광을 얻으신다.

[9번 문장] 나는 요즈음 내가 진정 하나님에게서 무언가를 받고자 하며 그분께 무언가를 갈망하고 있는 것은 아닌지 성찰해 보았다. 나는 진정 그 문제를 아주 깊이 생각해 보고 싶다. 내가 하나님께 환영받는 사람이라면, 나는 하나님의 시종 또는 종처럼 그분 아래에 있을 것이기 때문이다. 그러나 하나님 자신은 도리어 자신을 내어주심으로써 주님이 되셨을지도 모른다. 영원한 생명 속에 들어가면, 우리는 그런 상태(우리는 하나님의 종이 되고 하나님은 우리의 주인이신 상태)에 있지 아니할 것이다.

[11번 문장] 하나님 아버지는 인간의 본성을 입으신 그분의 독생자에게 주셨던 모든 것을 내게도 완전하게 부여하셨다. 여기서 내가 받은 것 중에는, 하나 됨이든 거룩함이든, 그 어떤

것도 빠지지 않았다. 도리어 하나님은 그분의 독생자에게 주신 모든 것을 그대로 내게 주셨다.

[13번 문장] 의로우며 하나님께 속해 있는 사람은 하나님의 본성이 가진 모든 것을 온전히 갖고 있다. 따라서 그런 사람은 하나님이 행하시는 것을 모두 행한다. 그는 하나님과 더불어 천지를 창조했다. 그는 영원하신 말씀을 낳은 이다. 그 사람이 없다면, 하나님은 그분이 하실 일을 전혀 모르실 수도 있다.

[18번 문장] 외면만 추구하는 일들의 열매를 맺지 말자. 그런 열매는 우리에게 유익을 주지 않는다. 도리어 아버지가 우리 안에 머무르시고, 우리 안에서 일하시며, 우리 안에서 행하시는 내면의 일들에서 열매를 맺도록 하자.

[24번 문장] 하나님의 본성에 비추어 보거나 하나님의 세 인격에 비추어 보건대, 그 어떤 구분도 하나님께는 낯선 것이다. 그분의 본성이 "하나"이며, (삼위 하나님의) 각 인격이 하나다. 바로 이 하나인 것이 그분의 본성이다.

자료 출처

이 책은 독일의 Philipp Reclam jun. GmbH & Co.에서
출간한 Meister Eckhart, *Vom Wunder der Seele: Eine
Auswahl aus den Traktaten und Predigten* (1989년판/2005년 인
쇄본)을 옮긴 것입니다.

위 원서에 실려 있는 마이스터 에크하르트의 논문과 설
교는 다음 세 책에서 추려 뽑은 것입니다(참고, 원서 78쪽).

- Franz Pfiffer (Hrsg.) Deutsche Mystiker des 14.
  Jahrhunderts. Bd. 2: Meister Eckhart. Leipzig 1857.
  Nachdr. Aalen 1962. [중세고지독일어본문].

- Meister Eckhart: Deutsche Predigten und Traktate. (Josef Quint 역/엮음) München 1955. 1985 (제6판). (문고판: Zürich 1979).

- Meister Eckharts deutsche Predigten und Traktate. (Friedrich Schulze-Maizier 역/엮음) Leipzig 1938 (제3판).

마이스터 에크하르트의 저서 및 에크하르트에 관한 연구 문헌

에크하르트의 저작

Meister Eckhart: Die Deutschen Werke. Hrsg. im Auftrag der Deutschen Forschungsgemeinschaft von Josef Quint. Berlin/ Stuttgart 1958ff.

    Bd. 1-3: Predigten. 1958-76 [Bd. 4 i . Vorb.]

    Bd. 5: Traktate. 1963.

Meister Eckhart: Die lateinischen Werke. Hrsg. im Auftrag der Deutschen Forschungsgemeinschaft. Berlin/Stuttgart 1936ff.

    Bd. 4: Sermones. Hrsg. von Ernst Benz, Bruno Becker und Josef Koch. 1956.

중세고지독일어로 된 에크하르트의 저작을 그대로 펴낸 책들

Franz Pfeiffer (Hrsg.): Deutsche Mystiker des 14. Jahrhunderts.
Bd. 2: Meister Eckhart. Leipzig 1857. Nachdr. 1962.

Philipp Strauch (Hrsg.): Buch der göttlichen Tröstung. Bonn
1910.

Ernst Diederichs (Hrsg.): Die Reden der Unterscheidung. Bonn
1913.

중세독일어로 된 에크하르트의 저작을 현대독일어로 번역하여 펴낸 책들

Hermann Büttner (Hrsg.): Schriften und Predigten. 2Bde. Jena
1903.

Josef Bernhart (Hrsg.): Meister Eckhart. Kempten/München
1914. (Deutsche Mystik. 3.) [Auswahl.]

— (Hrsg.): Reden der Unterweisung. München 1922.

Ernst Diederichs (Hrsg.): Reden der Unterscheidung. Bonn 1925.

Philipp Strauch (Hrsg.): Buch der göttlichen Tröstung. Berlin
1933.

Friedrich Schulze-Maizier (Hrsg.): Deutsche Predigten und
Traktate. Leipzig 1938. [Auswahl.]

Josef Quint (Hrsg./Übers.): Meister Eckhart. Deutsche Predigten
und Traktate. München 1955. 1985 (6판).

에크하르트 재판에 관한 연구

Heinrich Seuse Denifle (Hrsg.): Aktenstücke zu Meister Eckharts Prozeß. In: Zeitschrift für das deutsche Altertum. N. F. 17 (1885) 259쪽 이하.

Heinrich Seuse (Hrsg.): Akten zum Prozeß Meister Eckharts. In: Archiv für Literatur- und Kirchengeschichte des Mittelalters 2 (1886) 616쪽 이하.

Augustinus Daniels: Eine lateinische Rechtfertigungsschrift des Meister Eckhart. Münster 1923. (Beiträge zur Geschichte der Philosophie des Mittelalters. Bd. 33. H. 5.)

Franz Pelster (Hrsg.): Ein Gutachten aus dem Eckhart-Prozeß in Avignon. In: Aus der Geisteswelt des Mittelalters. Studien und Texte, M. Grabmann gewidmet. Münster, 1935. 1099-1124쪽.

Till Beckmann: Daten und Anmerkungen zur Biographie Meister Eckharts und zum Verlauf des gegen ihn angestrengten inquisitionsprozesses. Frankfurt a. M. 1978.

Winfried Trusen: Der Prozeß gegen Meister Eckhart. Vorgeschichte, Verlauf und Folgen. Paderborn 1988. [Erschöpfend.]

에크하르트 전기

Toni Schaller: Die Meister-Eckhart-Forschung bis zur Gegenwart. In: Freiburger Zeitschrift für Philosophie und Theologie 15 (1968) 262-316; 403-426쪽.

—: Zur Eckhart-Deutung der letzten dreißig Jahre. In: Freiburger Zeitschrift für Philosophie und Theologie (1969) 22-39쪽.

Thomas O'Meara [u. a.]: An Eckhart Bibliography. In: The Thomist 42 (1978) 313-336쪽.

에크하르트 연구 문헌

Joseph Görres: Die christlicher Mystik. Bd. 2. 1837. Regensburg 1878-80 (5판).

Petrus Groß: De Eckhardo philosopho. Bonnae 1858.

Joseph Ibach: Meister Eckhart, der Vater der deutschen Spekulation. Wien 1864.

Adolf Lasson: Meister Eckhart, der Mystiker. Zur Geschichte der religiösen Spekulation in Deutschalnd. Berlin 1868. Neudr. 1983.

Xaver Linsenmann: Über den ethischen Charakter der Lehrer Meister Eckharts. Tübingen 1873.

Wilhelm Preger: Geschichte der deutschen Mystik des Mittelalters. 3 Bde. Leipzig 1874-93. [Reiche Quellen.]

C. Michelsen: Meister Eckhart, ein Versuch. Berlin 1888.

Franz Hartmann: Die Geheimlehre in der christlichen Religion nach den Erklärungen von Meister Eckhart. Leipzig 1895.

Martin Grabmann: Die Lehre des heiligen Thomas von der scintilla animae in ihrer Bedeutung für die deutsche Mystik im Prediger-Orden. In: Jahrbuch für Philosophie und Theologie 15 (1900) 135쪽 이하.

Anton Pummerer: Der gegenwärtige Stand der Eckhart-Forschung. Bd. 1. Feldkirch 1903.

Leopold Ziegler: Die philosophische und religiöse Deutung des Meister Eckhart. In: Preußische Jahrbücher. Bd. 115. Berlin 1904. 503쪽 이하.

Max Pahncke: Untersuchungen zu den deutschen Predigten Meister Eckharts. Halle (Saale) 1905.

Alfred Lotze: Kritische Beiträge zu Meister Eckhart. Halle (Saale) 1907.

Joseph Bernhart: Bernhardische und Eckhartische Mystik in ihren Beziehungen und Gegensätzen. Kempten 1912.

Ernst Diederichs: Meister Eckharts Reden der Unterscheidung, eine literarkritische Untersuchung, Halle (Saale) 1912.

Philipp Strauch: Meister Eckhart-Probleme. Hallenser Rektorats-Rede. Halle (Saale) 1912.

Max Pahncke: Eckehartstudien. In: Beilage zum Jahresbericht
　des Gymnasiums zu Neuhaldensleben. Ebd. 1913.

Margarete Haacke: Der Gottesgedanke und das Gotteserlebnis
　bei Eckhart. Greifswald 1919.

Walter Lehmann: Meister Eckhart. Göttingen 1919. (Die
　Klassiker der Religion. Bd. 14 und 15. Hrsg. G. Pfannmüller.)

Ferdinand Weinhandl: Meister Eckhart im Quellpunkt seiner
　Lehre. Erfurt 1923.

Joseph Kuehnel: Meister Eckhart. Habelschwerdt 1924.

Paul Gurk: Meister Eckhart. Trier 1925.

Max Pahncke: Meister Eckeharts Lehre von der Geburt Gottes in
　der Seele des Gerechten. In: Archiv für Religionswissenschaft.
　Bd. 23 (1925) 38-39쪽.

Franz Meerpohl: Meister Eckeharts Lehre vom Seelenfünklein.
　Würzburg 1926.

Otto Karrer: Meister Eckehart. Das System seiner religiösen Lehre
　und Lebensweisheit. München 1926.

Susanne Hampe: Der Begriff der Tat bei Meister Eckehart.
　Weimar 1926.

Rudolf Otto: West-östliche Mystik. Vergleich und Unterscheidung
　zur Wesensdeutung. Gotha 1926. Neudr. Gütersloh 1979.

Josef Koch: Meister Eckhart und die jüdische Religionsphilosophie. Jahresbericht der schlesischen Gesellschaft für vaterländische Cultur. Breslau 1928.

Herbert Grabert: Eine vergleichende Studie zur Psychologie der Mystiker und Psychopathen. Tübingen 1928.

Otto Karrer: Das Göttliche in der Seele bei Meister Eckhart. Würzburg 1928.

Rudolf Fahrner: Wortsinn und Wortschöpfung bei Meister Eckhart. Marburg 1929.

Karl Brethauer: Die Sprache Meister Eckharts im »Buch der göttlichen Tröstung«. Göttingen 1921. 1931.

Walter Lehmann: Meister Eckhart, der gotische Mystiker. Lübeck 1933.

Alois Dempf: Meister Eckhart, Einführung in sein Werk. Leipzig 1934.

Ilse Roloff: Meister Eckharts Schriften zur Gesellschaftsphilo-sophie. Jena 1934.

Alfred Rosenberg: Die Religion des Meister Eckhart. München 1934. [Auszug aus: Der Mythus des 20. Jahrhunderts.]

Joseph Bernhart: Meister Eckhart und Nietzsche. Leipzig 1935.

Marianus Müller: Meister Eckharts Seelenlehre und ihr Ver-hältnis zur Scholastik insbesondere zur Lehre des heiligen Thomas. Bonn 1935.

Käte Oltmanns: Meister Eckhart. Frankfurt a. M. 1935.

Barthold Peters: Der Gottesbegriff Meister Eckharts. Hamburg
1935.

Herma Piesch: Meister Eckharts Ethik. Luzern 1935.

Hugo Rahner: Die Gottesgeburt. Die Lehre der Kirchenväter von
der Geburt Christi im Herzen der Gläubigen. In: Zeitschrift
für katholische Theologie 59 (1935) 333-418쪽.

Theodor Steinbüchel: Christliches Mittelalter. Leipzig 1935.

Lothar Schreier: Die Gottesgeburt im Menschen. Gespräch um
Meister Eckhart. Regensburg 1936.

Wilhelm Bange: Meister Eckharts Lehre vom göttlichen und
geschöpflichen Sein. Limburg 1937. [Literatur.]

Ernst Reffke: Eckhartiana Ⅳ. In: Zeitschrift für Kirchen-
geschichte 57 (1938) 19쪽 이하.

Oskar Bolza: Meister Eckhart als Mystiker. München 1938.

Mechthild Dallmann: Die Anthropologie Meister Eckharts.
Tübingen 1938.

Josef Hemmerich: Über das Wesen des Gotteinung bei Meister
Eckhart. Speyer 1939.

Heinrich Ebeling: Meister Eckharts Mystik. Stuttgart 1941.

Gustav Mensching: Vollkommene Menschwerdung bei Meister
Eckhart. Amsterdam / Leipzig 1942.

Ernst Brachen: Meister Eckhart und Fichte. Würzburg 1943.

Hellfried Nolz: Die Erkenntnislehre Meister Eckharts und ihre psychologischen und metaphysischen Grundlagen. Wien 1949.

H. Müller-Echard: Die Mystik Meister Eckharts und der Bewußtseinszustand des 20. Jahrhunderts. In: Zeitschrift für Philosophische Forschung 4 (1949/50) 402쪽 이하.

Ernst Brachen: Meister Eckhart als Philosoph. In: Deutsche Vierteljahrsschrift für Literaturwissenschaft und Geistesgeschichte 24 (1950) 32쪽 이하.

Maria Alberta Lücker: Meister Eckhart und die devotio moderna. Studien und Texte zur Geistesgeschichte des Mittelalters. Bd. 1. Leiden 1950.

Hans Hof: Scintilla animae, eine Studie zu einem Grundbegriff in Meister Eckharts Philosophie. Lund 1952.

Angelus Walz: Gottesfreunde um Meister Eckhart. In: Historisches Jahrbuch der Görresgesellschaft 72 (1953) 118쪽 이하.

Gunther Stephenson: Gottheit und Gott in der spekulativen Mystik Meister Eckharts. Bonn 1954.

Joachim Kopper: Die Metaphysik Meister Eckharts. Schriften der Universität des Saarlandes. Saarbrücken 1955.

Alois Dempf: Meister Eckhart. Freiburg i. Br. 1960.

Ludwig Hödl: Metaphysik und Mystik im Denken Meister
    Eckharts. In: Zeitschrift für katholische Theologie 82 (1960)
    257쪽 이하.

Udo Nix/ Raphael Öchslin (Hrsg.): Meister Eckhart der Prediger.
    Freiburg i. Br. 1960.

Herbert Wackerzapp: Der Einfluß Meister Eckharts auf die ersten
    philosophischen Schriften des Nikolaus von Kues (1440-
    1450). Münster 1962. (Beiträge zur Geschichte der
    Philosophie des Mittelalters. Bd. 39. H. 3.)

Bardo Weiss: Die Heilsgeschichte bei Meister Eckhart. Main
    1965.

Shizuteru Ueda: Die Gottesgeburt in der Seele und der
    Durchbruch der Gottheit Gütersloh 1965.

Ingeborg Degenhardt: Studien zum Wandel des Eckhart-Bildes.
    Leiden 1967.

Karl O. Schmidt: Meister Eckeharts Weg zum kosmischen
    Bewußtsein. Ein Brevier praktischer Mystik. München 1969.

Dietmar Mieth: Die Einheit von vita activa und vita
    contemplativa in den deutschen Predigten und Traktaten
    Meister Eckharts und bei Johannes Tauler. Regensburg 1969.

Friedrich-Wilhelm Wentzlaff-Eggebert: Deutsche Mystik
    zwischen Mittelalter und Neuzeit. Tübingen 1947. Berlin

1969 (3판) [Reiche Literatur.]

Alois Maria Haas: Nim din selbes War. Studien zur Lehre von
der Selbsterkenntnis bei Meister Eckhart, Johannes Tauler
und Heinrich Seuse. Freiburg (Schweiz) 1971.

Ernst von Bracken: Meister Eckhart. Legende und Wirklichkeit.
Meisenheim 1972.

Ernst Soudek: Meister Eckhart. Stuttgart 1973. [Literatur.]

Heribert Fischer: Meister Eckhart. Einführung in sein
philosophisches Denken. Freiburg/ München 1974.
[Literatur.]

Erika Albrecht: Im ewigen Jetzt. Erfahrungen mit lebendiger
Eckhart-Mystik. Mit einem Vorwort von Karlfried Graf
Dürckheim. Freiburg i. Br. 1975.

Karl Albert: Meister Eckharts These vom Sein. Saarbrücken
1976.

Hans Waldenfels: Absolutes Nichts. Zur Grundlegung des
Dialogs zwischen Buddhismus und Christentum. Freiburg i.
Br. 1976.

Wolfram M. Fues: Mystik als Erkenntnis? Kritische Studien zur
Eckhart-Forschung. Bonn 1978.

Erwin Waldschütz: Meister Eckhart. Eine philosophischen
Interpretation seiner Traktate. Bonn 1978.

Alois Maria Haas: Meister Eckhart als normative Gestalt geistlichen Lebens. Einsiedeln 1979.

Gerhard Wehr: Meister Eckhart. Freiburg 1979.

Bernhard Welte: Meister Eckhart. Gedanken zu seiner Gedanken. Freiburg 1979.

Louis Cognet: Gottes Geburt in der Seele. Freiburg i. Br. 1980.

Wolfgang Böhme (Hrsg.): Meister Eckhart heute. Karlsruhe 1980.

Udo Kern (Hrsg.): Freiheit und Gelassenheit heute. München/ Mainz 1980.

Josef Zapf: Meister Eckhart und die mystische Tradition des Ostens. In: Zeitwende 51 (1980) 102쪽 이하.

Werner Jäger: Kontemplation. Gottesbewegung heute. Der Weg in die Erfahrung nach Meister Eckhart und der »Wolke des Nichtwissens«. Salzburg 1982.

Udo Kern [u.a.] (Hrsg.): Gespräch mit Meister Eckhart. Berlin 1982.

Jürgen Linnewedel: Meister Eckharts Mystik. Zugang und Praxis für heute. Stuttgart 1983.

Bernhard Mojsisch: Meister Eckhart. Analogie, Univozität und Einheit. Hamburg 1983.

Alois Maria Haas: Geistliches Leben im Mittelalter. Freiburg

(Schweiz) 1984.

Kurt Ruh: Meister Eckhart. Theologe, Prediger, Mystiker. München 1985.

Kurt Ruh (Hrsg.): Abendländische Mystik im Mittelalter. Symposion Kloster Engelberg 1984. Stuttgart 1986. [Überwiegend Meister Eckhart.]

Gerhard Wehr: Meister Eckhart. Mit Selbstzeugnissen und Bilddokumenten. Reinbek bei Hamburg 1988.

Kurt Flasch: Das philosophische Denken im Mittelalter. Von Augustin zu Machiavelli. Stuttgart 2000 (2판). 462-482쪽 [더 근래에 나온 참고 문헌들을 소개해 놓았다.]